파고다 오분톡

하루 5분, 무조건 말하는 🕐

일본어회화

김수진 l 저

상황별

PAGODA Books

초 판　1쇄　인쇄　2020년 6월 17일
초 판　1쇄　발행　2020년 6월 17일

지 은 이 | 김수진
펴 낸 이 | 고루다
펴 낸 곳 | Wit&Wisdom 도서출판 위트앤위즈덤
임프린트 | PAGODA Books
책임편집 | 최은혜, 남영희
디자인총괄 | 손원일, 정현아
마 케 팅 | 도정환, 진부영, 유철민, 김용란, 김대환
출판등록 | 2005년 5월 27일 제 300-2005-90호
주　　소 | 06614 서울특별시 서초구 강남대로 419, 19층(서초동, 파고다타워)
전　　화 | (02) 6940-4070
팩　　스 | (02) 536-0660
홈페이지 | www.pagodabook.com

저작권자 | ⓒ 2020 김수진

ISBN 978-89-6281-850-5(13740)

도서출판 위트앤위즈덤　www.pagodabook.com
파고다 어학원　　　　　www.pagoda21.com
파고다 인강　　　　　　www.pagodastar.com
테스트 클리닉　　　　　www.testclinic.com

| **PAGODA Books**는 도서출판 **Wit&Wisdom**의 성인 어학 전문 임프린트입니다.
낙장 및 파본은 구매처에서 교환해 드립니다.

머리말

'힝~ 하고 코를 풀어.'는 일본어로 어떻게 할까요?

'난 운동화에 깔창을 깔고 신어.'는 일본어로?

'화장실 물을 내렸는데 변기가 막혔어.'라는 표현 만드실 수 있나요?

일상생활에서 일어나는 소소한 모든 일들을 전부 일본어로 만들 수만 있다면 얼마나 좋을까요?

'난 일본어로 신문도 읽을 줄 아는 사람이야~!' 하시는 분들도 막상 하루 일과를 자세히 말해보라고 하면, 막히거나 어색한 한국식 일본어를 사용하는 분들이 많습니다.

왜냐면 사전을 찾으며 단어 하나하나 외웠기 때문이지요.

이런 소소한 일상은 문장 통째로 익혀야 네이티브다운 표현을 말할 수 있게 됩니다.

이 책에는 일상생활에서 자주 사용하는 표현을 중심으로 네이티브다운 표현들과 문법책에서는 배우지 못했던 회화에 자주 사용하는 축약 표현들을 다뤘습니다.

매일 5분간의 토크를 통하여 간단하지만, 현지인다운 표현들을 익혀보세요.

또한, 일본 문화에 관한 설명도 조금씩 함께 하였습니다. 이 책을 계기로 일본과 좋은 인연을 맺어, 한국과 일본이 좋은 관계로 발전해 나아갔으면 하는 바람입니다.

끝으로 이 책을 출간하기까지는 많은 분들의 도움이 있었습니다.

Pagoda Books의 센스만점 최은혜 매니저님과 편집왕 남영희 매니저님, 감수로 수고해 준 오랜 친구 쿠로시마 요시코 선생님, 성우 선생님 두 분께도 감사드립니다. 그리고 항상 지지해주고 응원해준 우리 가족 사랑합니다.

저자 **김수진**

책 내용 미리보기

❶ Day 주제와 연관 있는 대표 어휘를 담았습니다. 그림 속 이미지를 통해 좀 더 수월하게 어휘를 기억할 수 있도록 하였습니다.

❷ 한국어를 먼저 제시한 후, 그에 맞는 가장 적절한 일본어다운 표현을 제시하였습니다. 앞서 관련 어휘를 익혔다면 이젠 표현으로 일본어를 확장할 수 있습니다.

다양한 단어를 바꿔 넣어보며 주요 문형을 알차게 활용해 볼 수 있도록 하였습니다. 단어를 넣고 크게 말해보면서 하루 5분 말하기를 연습해 봅시다.

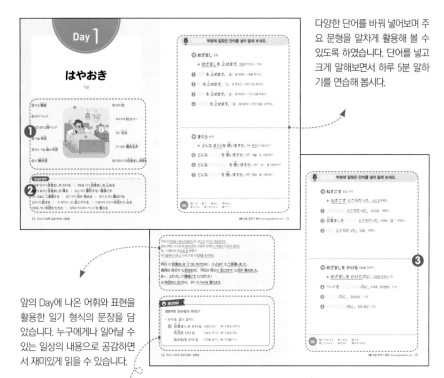

앞의 Day에 나온 어휘와 표현을 활용한 일기 형식의 문장을 담았습니다. 누구에게나 일어날 수 있는 일상의 내용으로 공감하면서 재미있게 읽을 수 있습니다.

다양한 뜻을 지닌 어휘의 알맞은 쓰임, 의미가 비슷한 어휘 및 표현의 명확한 구분, 주제와 관련한 세부 어휘 및 용어 제시, 한국어와의 차이, 살짝 엿보는 일본의 문화 등등 헷갈리거나 신경이 쓰였던 부분을 속 시원하게 해소할 수 있도록 하였습니다.

❸ 이번에는 동사의 활용형을 바꿔 넣으며 주요 문형을 익힐 수 있도록 하였습니다. 복잡한 문법 규칙도 반복해서 말하다보면 어느덧 입에서 먼저 술술 나오게 될 것입니다.

파고다 5분톡!이 더욱 재미있어지는 특별 페이지

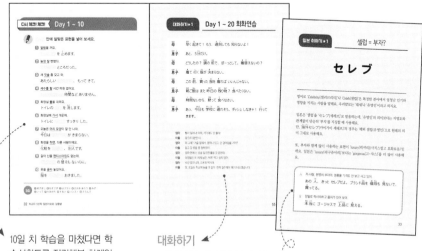

10일 치 학습을 마쳤다면 학습성취도를 점검해볼 차례입니다. 빈칸을 채우고 자신 있게 읽어봅시다. 틀린 부분만 체크해서 복습하면 일본어 필수 문형은 나의 것!

대화하기

20일 치 학습 후, 회화연습을 할 수 있도록 하였습니다. 학습한 표현이 어떤 상황에, 어떻게 쓰이고 있는지 현실판 회화 장면을 통해서 확인해 봅시다.

일본 이야기

알아두면 쓸데 있는 궁금했던 5가지 일본 이야기. 잠시 쉬면서 일본에 대해서 좀더 알아봅시다.

"하루 5분씩, 100일만 일본어로 말하면
내 입에서도 일본어 문장이 술술!"

파고다 5분톡! 무료 강의를 이용한 학습법

step 1 저자 직강 오디오 강의를 청취하며 교재 내용 이해하기

step 2 원어민 음성 MP3를 따라 교재의 예문을 반복해서 소리내어 말하기

step 3 5분 집중 말하기 훈련을 통해 데일리 표현 마스터하기

목차

나만의 계획을 세워보고, 학습이 완료되면 체크해 봅시다.

학습 플랜

목차

목차

5분톡 사이트
바로가기

하루 5분씩 100일,
내 입에서 **일본어가 술술** 나올 때까지!

5분톡 일본어회화 학습을 끌어주고
밀어주는 **부가 자료 4가지**

1 저자 직강 데일리 음성 강의

5분톡의 저자 수진 선생님이 파고다 대표 일본어 강사로서의 노하우를 담아 직접 전해주는 음성 강의와 함께 하세요. 교재 내용을 보다 확실하고 폭넓게 이해할 수 있도록 도와드립니다.

– 네이버 오디오클립에서 '파고다 5분톡 일본어회화 상황별'을 검색하여 청취

2 5분 집중 말하기 훈련

일본어 문장을 직접 말해보며 녹음하고, 원어민의 발음과 비교해 보세요. 따라 말하기 연습을 충분히 마친 뒤에는 한국어 뜻에 맞게 일본어로 말해보는 테스트를 통해 데일리 표현을 마스터할 수 있습니다. 하루 5분씩, 말하기 집중 훈련 프로그램과 함께 발화 연습량을 차곡차곡 쌓아가 봅시다.

– 파고다북스 홈페이지에 접속하여 '5분톡' 탭에서 실행 (PC / 모바일)

3 교재 예문 MP3

일어 귀가 트이려면 여러 번 반복해서 듣는 게 최고! 책에 수록된 모든 예문을 원어민의 목소리로 들어볼 수 있는 생생한 음성자료를 무료 제공합니다.

– 파고다북스 홈페이지에서 다운로드 받아 청취 (실시간 스트리밍도 가능)

4 5분톡 발음 클리닉

한국인이 어려워하는 포인트만 엄선했습니다. 파고다 베테랑 일본어회화 선생님의 발음 클리닉 강의를 통해 나의 일본어 발음을 한 단계 업그레이드하고 스피킹에 자신감을 더해 보세요.

– 파고다북스 홈페이지 또는 유튜브에서 '파고다 5분톡 발음 클리닉'을 검색하여 시청

Day 1

はやおき

기상

① 침실 寝室（しんしつ）

② 침대 ベッド

2층 침대 2段（だん）ベッド

③ 이불 布団（ふとん）

④ 덮는 이불 掛（か）け布団（ぶとん）

⑤ 요 敷布団（しきぶとん）

⑥ 베개 枕（まくら）

베개커버 枕（まくら）カバー

담요 毛布（もうふ）

전기장판 電気毛布（でんきもうふ）

⑦ 알람(시계) 目覚（めざ）まし(時計（どけい）)

오늘의 표현

알람을 맞추다 目覚（めざ）ましを かける ｜ 알람을 끄다 目覚（めざ）ましを 止（と）める

알람이 울리다 目覚（めざ）ましが 鳴（な）る ｜ 늦잠 자다 寝坊（ねぼう）する / 寝過（ねす）ごす

다시 잠들다 二度寝（にどね）する ｜ 잠이 깨다 目（め）が 覚（さ）める ｜ 잠이 덜 깨다 寝（ね）ぼける

일어나다 起（お）きる ｜ ~가 깨우다 ~に 起（お）こされる ｜ 이불에서 나오다 布団（ふとん）から 出（で）る

이불을 개다 布団（ふとん）を たたむ ｜ 침대를 정리하다 ベッドを 整（ととの）える

（예） **めざまし** 알람

→ <u>めざまし</u>を 止^とめます。알람을 멈춰요 = 꺼요.

① [　　　　]を 止^とめます。 숨 을 멈춰요 = 숨을 참아요.

② [　　　　]を 止^とめます。 손 을 멈춰요 = 하던 일을 멈춰요.

③ [　　　　]を 止^とめます。 발 을 멈춰요 = 가던 길을 멈춰요.

④ [　　　　]を 止^とめます。 말 을 멈춰요 = 하던 말을 그만해요.

（예） **まくら** 베개

→ どんな <u>まくら</u>を 使^{つか}いますか。어떤 <u>베개</u>를 사용해요?

⑤ どんな [　　　　]を 使^{つか}いますか。어떤 이불 을 사용해요?

⑥ どんな [　　　　]を 使^{つか}いますか。어떤 요 를 사용해요?

⑦ どんな [　　　　]を 使^{つか}いますか。어떤 침대 를 사용해요?

정답 ①いき ②て ③あし ④はなし
⑤ふとん ⑥しきぶとん ⑦ベッド

Day 2

にどね した

다시 잠들었다

어제 ① 알람을 3개나 맞췄었는데, ② 끄고 ③ 다시 잠들었어요.
평상시에는 스스로 ④ 일어나지만, 오늘은 엄마⑤ 가 깨워서 ⑥ 잠이 깼어요.
휴~, 다행이다. ⑦ 늦잠 잘 뻔했다!
⑧ 이불에서 나오고 나서, 바로 ⑨ 침대를 정리해요.

昨日 ① 目覚ましを ３つも かけたのに、② 止めて ③ 二度寝しました。
普段は 自分で ④ 起きるけど、今日は 母⑤に 起こされて ⑥ 目が 覚めました。
あー、よかった。⑦ 寝過ごす ところだった！
⑧ 布団から 出てから、すぐ ⑨ ベッドを 整えます。

😃 몰랐어요!

일본어로 '**かける**'의 의미는?

- **かける** 걸다, 걸치다

  예 目覚ましを かける　알람을 걸다　➡ 알람을 맞추다
  　　布団を かける　　　이불을 걸치다　➡ 이불을 덮다
  　　めがねを かける　　안경을 걸치다　➡ 안경을 쓰다

부분에 알맞은 단어를 넣어 말해 보세요.

예 **ねすごす** 늦잠 자다

➜ **ねすごす** ところだった。 늦잠 잘 뻔했다.

① ＿＿＿＿＿ ところだった。 다시 잘 뻔했다.

② **目覚ましを** ＿＿＿ ところだった。 알람을 끌 뻔했다.

③ ＿＿ ところだった。 나올 뻔했다.

예 **めざましを かける** 알람을 맞추다

➜ **めざましを かけた**のに。 알람을 맞췄었는데.

④ **ベッドを** ＿＿＿＿ のに。 침대를 정리했었 는데.

⑤ ＿＿＿ のに。 일어났었 는데.

⑥ ＿＿＿＿ のに。 잠이 깼었 는데.

정답 ❶にどねする ❷とめる ❸でる
❹ととのえた ❺おきた ❻めが さめた

Day 3

はみがきと せんがん

양치와 세안

❶ 수건 タオル

거울 鏡(かがみ)

❷ 칫솔 歯(は)ブラシ

❸ 치약 歯磨(はみが)き粉(こ)

❹ 헤어밴드 ヘアバンド

❺ 까치집 머리 寝(ね)ぐせ

❻ 물 컵 コップ

❼ 비누 石(せっ)けん

면도기 ひげそり

면도크림
シェービングクリーム

❽ 세안비누 洗顔(せんがん)フォーム

❾ 세면대 洗面台(せんめんだい)

오늘의 표현

샤워를 하다 シャワーを 浴(あ)びる | 치약을 짜다 歯磨(はみが)き粉(こ)を つける

양치질하다, 이를 닦다 歯(は)を みがく | 컵에 물을 받다 コップに 水(みず)を 入(い)れる

입을 헹구다 口(くち)を すすぐ | 헤어밴드를 하다 ヘアバンドを つける

세수를 하다 顔(かお)を 洗(あら)う | 세안하다 洗顔(せんがん)を する

면도크림을 바르다 シェービングクリームを 塗(ぬ)る | 면도하다, 수염을 깎다 ひげを そる

머리에 까치집이 생기다, 머리가 눌리다 寝(ね)ぐせが つく | 머리를 감다 髪(かみ)を 洗(あら)う

코를 풀다 鼻(はな)を かむ (＊ '힝' 하고 코 푸는 소리는 「ちん」)

🎤 **부분에 알맞은 단어를 넣어 말해 보세요.**

예 **かお** 얼굴

→ <u>かお</u>を 洗^{あら}います。 <u>얼굴</u>을 씻어요 = 세수해요.

① ___ を 洗^{あら}います。 머리카락 을 씻어요 = 머리 감아요.

② ___ を 洗^{あら}います。 접시 를 씻어요 = 설거지해요.

③ ___ を 洗^{あら}います。 손 을 씻어요.

④ ___ を 洗^{あら}います。 옷 을 씻어요 = 옷을 빨아요.

예 **はブラシ** 칫솔

→ あたらしい <u>はブラシ</u>、 もって きて。 새 <u>칫솔</u> 좀 갖고 와.

⑤ あたらしい ___ 、 もって きて。 새 치약 좀 갖고 와.

⑥ あたらしい ___ 、 もって きて。 새 비누 좀 갖고 와.

⑦ あたらしい ___ 、 もって きて。 새 수건 좀 갖고 와.

정답
① かみ   ② さら   ③ て   ④ ふく
⑤ はみがきこ   ⑥ せっけん   ⑦ タオル

はやく あらおう

빨리 씻자

오늘은 ① 샤워를 할 시간이 없어요.
칫솔에 ② 치약을 짜고, 컵에 ③ 물을 받고, ④ 양치질하기 시작해요.
⑤ 입을 헹구고 ⑥ 코를 풀고, ⑦ 세수를 해요.
⑧ 머리에 까치집이 생겼지만, ⑨ 머리를 감을 시간 따윈 없어요.

今日は ① シャワーを 浴びる 時間が ありません。
歯ブラシに ② 歯磨き粉を つけて、コップに ③ 水を 入れて、④ 歯を 磨き始めます。
⑤ 口を すすいで、⑥ 鼻を かんで、⑦ 顔を 洗います。
⑧ 寝ぐせが ついてるけど、⑨ 髪を 洗う 時間など ありません。

😊 몰랐어요!

일본어로 '닦다'의 표현은?

- 洗う (물로) 닦다, 씻다   (예) 손은 비누로 닦는다. ➡ あらう
- 磨く (윤기 나게) 닦다   (예) 천으로 구두를 닦는다. ➡ みがく
- 拭く (물기를) 닦다, 제거하다   (예) 수건으로 몸을 닦는다. ➡ ふく

예 **はを みがく** 양치질하다 … **はを みがきます** 양치질합니다

→ **はを みがき はじめます。** 양치질하기 시작해요.

1 _____ **はじめます。** 코를 풀기 시작해요.

2 _____ **はじめます。** 입을 헹구기 시작해요.

3 **コップに** _____ **はじめます。** 컵에 물을 받기 시작해요.

4 **カミソリで** _____ **はじめます。**

면도기로 면도를 하기 시작해요.

예 **かおを あらう** 세수를 하다

→ **かおを あらう 時間(じかん)など ありません。**

세수를 할 시간 따윈 없어요.

5 _____ **時間(じかん)など ありません。**

머리를 감을 시간 따윈 없어요.

6 _____ **時間(じかん)など ありません。**

치약을 짤 시간 따윈 없어요.

7 _____ **時間(じかん)など ありません。**

샤워를 할 시간 따윈 없어요.

정답 ❶ はなを かみ ❷ くちを すすぎ ❸ みずを いれ ❹ ひげを そり
❺ かみを あらう ❻ はみがきこを つける ❼ シャワーを あびる

Day 5

おてあらい

화장실

❶ 화장실 トイレ / お手洗い

❷ 화장지, 화장실 휴지
　トイレットペーパー

❸ 변기 便器 / 便座

❹ (변기) 뚜껑 ふた

　소변 小便 / おしっこ

　대변 大便 / うんこ

❺ 비데 温水洗浄便座

❻ 세정 洗浄

❼ 건조 乾燥

❽ 엉덩이 おしり

❾ 정지 止め / 停止

오늘의 표현

심한 변비 ひどい 便秘 ∣ 쾌변 快便 ∣ (변기) 뚜껑을 열다 ふたを 開ける

뚜껑을 닫다 ふたを 閉める ∣ 소변을 보다 小便(おしっこ) する

대변을 보다 大便(うんこ) する ∣ 화장지로 닦다 トイレットペーパーで 拭く

물을 내리다 水を 流す ∣ 화장실이 막히다 トイレが 詰まる

화장실 휴지를 다 쓰다 トイレットペーパーが 切れる

비데를 사용하다 ウォシュレットを 使う (＊'비데'의 정식명칭은 「温水洗浄便座」이지만, 회화에서는 「ウォシュレット」나 「シャワートイレ」와 같은 제품명으로 부르는 경우가 많아요.)

부분에 알맞은 단어를 넣어 말해 보세요.

예 べんぴ 변비

➡ **ひどい べんぴです。** 심한 변비네요.

① **ひどい**　　　**です。** 심한 설사 네요.

② **ひどい**　　　　**です。** 심한 방귀 네요.

③ **ひどい**　　　　**です。** 심한 여드름 이네요.

④ **ひどい**　　　**です。** 심한 기침 이네요.

예 みず 물

➡ **トイレの みずを 流<small>なが</small>します。**
화장실의 물을 흘려보내요 = 물을 내려요.

⑤　　　**を 流<small>なが</small>します。** 땀 을 흘려요 = 열심히 해요.

⑥　　　**を 流<small>なが</small>します。** 눈물 을 흘려요 = 슬퍼해요.

⑦　　　　　**を 流<small>なが</small>します。** 광고 를 흘려보내요 = 광고해요.

정답 ❶げり ❷おなら ❸ニキビ ❹せき
❺あせ ❻なみだ ❼コマーシャル

あー! すっきり した

아~! 개운해

아침에 ① 화장실에 가서, ② 닫혀 있는 ③ 변기의 뚜껑을 열었어요. 요즘 ④ 심한 변비였는데, 오늘 아침은 ⑤ 쾌변이어서 개운해요.
⑥ 비데는 정말로 편리해요. 화장실의 ⑦ 물을 내리고, 손을 깨끗이 씻었어요. 이제 곧 ⑧ 화장실 휴지가 떨어질 것 같네요. 내일 한 통 사야겠네.

朝 ①お手洗いに 行って、②閉めて ある ③便器の ふたを 開けました。このごろ ④ひどい 便秘だったけど、今朝は ⑤快便で すっきり しました。
⑥ウォシュレットは 本当に 便利です。トイレの ⑦水を 流して、手を きれいに 洗いました。もうすぐ ⑧トイレットペーパーが 切れそうです。明日 1パック 買わなきゃ。

😊 몰랐어요!

일본어로 '**すっきり**'의 의미는?

- **すっきり** 쓸데없는 것들이 사라져 개운하고 상쾌한 상태

  예 **すっきり** した 文章 　　(군더더기가 없는) 깔끔한 문장
  頭が **すっきり** した。　　머릿속이 (정리돼서) 개운해.
  気分が **すっきり** した。　　기분이 (개운해지고) 상쾌해.
  すっきり した コーラ　　(느끼함을 잡아주는) 상쾌한 콜라

부분에 알맞은 단어를 넣어 말해 보세요.

예 いく 가다

➡ トイレに <u>いって</u> すっきり した。 화장실에 <u>가서</u> 개운해.

① ウォシュレットを 　　　　　 すっきり した。

　　비데를 <u>사용해서</u> 개운해.

② 汗を 　　　　　 すっきり した。 땀을 <u>흘려서</u> 개운해.

③ 手を 　　　　　 すっきり した。 손을 <u>씻어서</u> 개운해.

예 しめる 닫다

➡ ふたが <u>しめて</u> あります。 뚜껑이 <u>닫혀</u> 있어요.

④ まどが 　　　　　 あります。 창문이 <u>열려</u> 있어요.

⑤ 石けんが 　　　　　 あります。 비누가 <u>놓여</u> 있어요.

⑥ タオルが 　　　　　 あります。 수건이 <u>걸려</u> 있어요.

정답 ①つかって　②ながして　③あらって
④あけて　⑤おいて　⑥かけて

ドレッサー

화장대

① 화장대 ドレッサー

② 거울 鏡[かがみ]

③ 스킨 化粧水[けしょうすい]

④ 로션 乳液[にゅうえき]

에센스 美容液[びようえき]

쌩얼 すっぴん

메이크업 베이스 化粧下地[けしょうしたじ]

선크림 日焼け止めクリーム[ひやどめ]

헤어 왁스 ヘアワックス

⑤ 면봉 綿棒[めんぼう]

⑥ 드라이기 ドライヤー

⑦ 고대기 ヘアアイロン

⑧ 콘택트렌즈 コンタクトレンズ

⑨ 안경 めがね

오늘의 표현

스킨을 바르다 化粧水[けしょうすい]を つける │ 크림을 바르다 クリームを 塗[ぬ]る

화장을 하다 化粧[けしょう]を する / メイク する │ 얼굴이 부었다 顔[かお]が むくんでる

화장이 잘 받다 メイクの ノリが いい │ 머리를 말리다 髪[かみ]を 乾[かわ]かす

머리를 세팅하다 髪[かみ]を セット する │ 머리가 잘 되다 髪型[かみがた]が きまる

안경을 쓰다 めがねを かける │ 안경을 벗다 めがねを 外[はず]す │ 렌즈를 끼다 コンタクトを つける

렌즈를 빼다 コンタクトを 外[はず]す(＊「コンタクト」는 「コンタクトレンズ(콘택트렌즈)」의 준말, 「カラコン」은 「カラーコンタクトレンズ(컬러 렌즈)」의 준말)

부분에 알맞은 단어를 넣어 말해 보세요.

예 **かみがた** 머리 모양, 헤어스타일

➔ 今日は かみがたが きまらない。
오늘은 머리 모양이 잘 안 나와.

① 今日は　　　　　が きまらない。 오늘은　화장　이 잘 안 받아.

② 今日は　　　　　が きまらない。 오늘은　눈 화장　이 잘 안 받아.

③ 今日は　　　が きまらない。 오늘은　옷　이 잘 안 받아.

예 **めがね** 안경

➔ ゆっくり めがねを 外して みて。 천천히 안경을 벗어 봐.

④ ゆっくり　　　　　を 外して みて。 천천히　렌즈　를 빼 봐.

⑤ ゆっくり　　　　　を 外して みて。

천천히　인조 속눈썹　을 떼 봐.

⑥ ゆっくり　　　　　を 外して みて。

천천히　얼굴 팩　을 떼 봐.

 정답 ❶ メイク　❷ アイメイク　❸ ふく
❹ コンタクト　❺ つけまつげ　❻ フェイスマスク

Day 8

うん、ばっちり!

음, 완벽해!

① 화장대의 ② 거울을 봐요. ③ 얼굴이 부었네요.
④ 스킨을 바르고, 보습 ⑤ 크림을 듬뿍 바르고, ⑥ 화장을 시작해요.
⑦ 화장은 잘 받았네요. 음, 완벽해! 화장을 하면, 완전 다른 사람이에요.
⑧ 안경을 벗고, ⑨ 렌즈를 껴요. 드라이기로 ⑩ 머리를 말리고, 헤어왁스로 ⑪ 세팅해요. 오늘은
⑫ 머리가 잘 안 되네~.

① ドレッサーの ② 鏡を 見ます。 ③ 顔が むくんでますね。
④ 化粧水を つけて、保湿 ⑤ クリームを たっぷり 塗って、 ⑥ メイクを はじめます。
⑦ メイクの ノリは いいですね。 うん、ばっちり! 化粧を すると、まったく 別人です。
⑧ めがねを 外して、 ⑨ コンタクトを つけます。 ドライヤーで ⑩ 髪を 乾かして ヘアワックスで
⑪ セット します。 今日は ⑫ 髪型が きまらないなあー。

😀 몰랐어요!

일본어로 'コスメ(색조 화장품)'의 표현은?

- 파운데이션 ファンデーション
- 컨실러 コンシーラー
- 볼터치 チーク
- 립스틱 口紅 / リップ
- 아이섀도우 アイシャドー
- 아이라이너 アイライナー
- 뷰러 ビューラー
- 마스카라 マスカラ

🎙️ 　　　　　 부분에 알맞은 단어를 넣어 말해 보세요.

예 **みる** 보다

➡ 鏡を みます。 거울을 봤요.

① 日焼け止めを 　　　　　　 。 선크림을 　발라요　 .

② 髪を 　　　　　　 。 머리를 　말려요　 .

③ メイクを 　　　　　　 。 화장을 　시작해요　 .

예 **する** 하다

➡ 化粧を すると、 別人です。 화장을 하면, 다른 사람이에요.

④ カラコンを 　　　　　 、 別人です。

컬러 렌즈를 　끼면　 , 다른 사람이에요.

⑤ めがねを 　　　　　 、 別人です。

안경을 　쓰면　 , 다른 사람이에요.

⑥ 髪を 　　　　　　 、 別人です。

머리를 　세팅하면　 , 다른 사람이에요.

정답　① ぬります　② かわかします　③ はじめます
　　　④ つけると　⑤ かけると　⑥ セット すると

Day 9

きがえ(じょせいへん)

옷 갈아입기(여자 편)

❶ 옷장 **たんす / クローゼット**

❷ 옷걸이 **ハンガー**

❸ 정장 **スーツ**

❹ 블라우스 **ブラウス**

❺ 치마 **スカート**

❻ 스타킹 **ストッキング**

❼ 하이힐 **ヒール**

❽ 명함 지갑 **名刺入れ**

❾ 핸드백 **ハンドバッグ**

❿ 파우치 **ポーチ**

⓫ 재킷 **ジャケット**

⓬ 단추 **ボタン**

오늘의 표현

잠옷을 벗다 **パジャマを 脱ぐ** | 갈아입을 옷 **着替え** | 옷을 고르다 **服を 選ぶ**

맘에 드는 옷 **お気に入りの 服** | 셔츠를 입다 **シャツを 着る**

스웨터를 입히다 **セーターを 着せる** | 스커트를 입다 **スカートを はく**

청바지를 입히다 **ジーンズを はかせる** | 단추를 채우다 **ボタンを 留める**

단추를 풀다 **ボタンを 外す** | 스타킹을 신다 **ストッキングを はく**

스타킹 올이 나가다 **ストッキングが 伝線する**

(＊ 상의는 「着る(입다)」, 하의는 「はく(입다, 신다)」을 사용해요.)

🎤 　　　　부분에 알맞은 단어를 넣어 말해 보세요.

例 **セーター** 스웨터

➡ ウール<u>セーター</u>を 着^きてます。 울 <u>스웨터</u>를 입고 있어요.

① 革^{かわ}の 　　　　　　 を 着^きてます。 가죽 재킷 을 입고 있어요.

② ニット 　　　　　 を はいてます。 니트 스커트 를 입고 있어요.

③ 　　　　　　 を はいてます。 청바지 를 입고 있어요.

④ 　　　　　　　 を はいてます。 스타킹 을 신고 있어요.

例 **パンスト** 팬티스타킹

➡ <u>パンスト</u>の 替^かえも ないのに。 갈아 신을 <u>팬티스타킹</u>도 없는데.

⑤ 　　　　 の 替^かえも ないのに。 갈아입을 속옷 도 없는데.

⑥ 　　　　 の 替^かえも ないのに。 갈아입을 셔츠 도 없는데.

⑦ 　　　 の 替^かえも ないのに。 갈아 신을 신발 도 없는데.

 정답 **①** ジャケット　**②** スカート　**③** ジーンズ　**④** ストッキング
⑤ したぎ　**⑥** シャツ　**⑦** くつ

おきに いりの ふく

맘에 드는 옷

어젯밤에, 오늘 ①입고 갈 ②옷을 골라 놓았어요. ③잠옷을 벗고, 얼마 전에 산 ④스커트를 입어요. 아이에게도 ⑤청바지를 입혀요. 요즘 우리 아이는 ⑥맘에 드는 옷만, 입으려 해서, 난처해요. 허둥지둥 급하게 ⑦신었더니, ⑧스타킹 올이 나갔어요. ⑨갈아 신을 스타킹도 없는데.

昨夜、今日 ①着て いく ②服を 選んで おきました。③パジャマを 脱いで、この 前 買った ④スカートを はきます。子供にも ⑤ジーンズを はかせます。最近 うちの 子は ⑥お気に 入りの 服ばかり、着たがって、困ります。
あわてて ⑦はいたら、⑧ストッキングが 伝線しちゃったんです。⑨ストッキングの 替えも ないのに。

😀 몰랐어요!

일본어로 '替え'의 의미는?

- 替え 새로운 것으로 바꿈

  예 着替え 옷을 갈아입음, 갈아입을 옷   替えが ない 여벌(대체품)이 없다
  取り替え 교환, 교체   取り替え用 교체용
  席替え 자리 바꾸기   建て替え 재건축

(예) **えらぶ** 고르다

→ 服を えらんで おきました。옷을 골라 놓았어요.

1 ボタンを 　　　　　 おきました。단추를 채워 놓았어요.

2 ボタンを 　　　　　 おきました。단추를 풀어 놓았어요.

3 子供に パジャマを 　　　　　 おきました。

아이에게 잠옷을 입혀 놓았어요.

4 子供に スカートを 　　　　　 おきました。

아이에게 치마를 입혀 놓았어요.

(예) **かう** 사다

→ この 前 かった コートです。얼마 전에 산 코트예요.

5 この 前 　　　　　 かばんです。얼마 전에 바꾼 가방이에요.

6 この 前 　　　　　 料理です。얼마 전에 먹은 요리예요.

7 この 前 　　　　　 本です。얼마 전에 읽은 책이에요.

정답 　❶とめて 　❷はずして 　❸きせて 　❹はかせて
　　　　❺かえた 　❻たべた 　❼よんだ

안에 알맞은 표현을 넣어 보세요.

1 알람을 꺼요.

　　　　　を 止めます。

2 늦잠 잘 뻔했다.

　　　　　ところだった。

3 새 칫솔 좀 갖고 와.

あたらしい 　　　　　、 もって きて。

4 세수를 할 시간 따윈 없어요.

　　　　　時間など ありません。

5 화장실 물을 내려요.

トイレの 　　　を 流します。

6 화장실에 가서 개운해.

トイレに 　　　　　すっきり した。

7 오늘은 머리 모양이 잘 안 나와.

今日は 　　　　　が きまらない。

8 화장을 하면, 다른 사람이에요.

化粧を 　　　　　、 別人です。

9 갈아 신을 팬티스타킹도 없는데.

　　　　　の 替えも ないのに。

10 옷을 골라 놓았어요.

服を 　　　　　おきました。

---

 1 めざまし **2** ねすごす **3** はブラシ **4** かおを あらう **5** みず
6 いって **7** かみがた **8** すると **9** パンスト **10** えらんで

셀럽 = 부자?

セレブ

영어로 'Celebrity[셀러브리티]'나 'Celeb[셀럽]'은 특정한 분야에서 엄청난 인기와 영향을 끼치는 사람을 말해요. 우리말로는 '대세'나 '유명인'이라고 하지요.

일본은 '셀럽'을 'セレブ[세레브]'로 발음하는데, '유명인'의 의미보다는 지명도와 관계없이 단순히 '부자'를 지칭할 때 사용해요.
단, '海外セレブ[카이가이 세레브]'의 경우는 '해외 셀럽(유명인)'으로 원래의 의미 그대로 사용해요.

또, 부자와 함께 많이 사용하는 표현이 'luxury[럭셔리](사치스럽고 호화로운)'인데요. 일본은 'luxury[라구쥬아리]'보다는 'gorgeous[고-쟈스]'를 더 많이 사용해요.

A 저 사람, 분명히 부자야. 명품을 가격도 안 보고 사고 있어.

あの 人、きっと セレブだよ。ブランド品を 値段も 見ないで、買ってる。

B 정말로 럭셔리하고 품위가 있어 보여.

本当に ゴージャスで 上品に 見える。

Day 11

きがえ(だんせいへん)

옷 갈아입기(남자 편)

캐쥬얼 カジュアル

① 후드티 パーカー

② 패딩(재킷!)
ダウンジャケット

속옷 下着

팬티 パンツ

③ 바지 ズボン / パンツ

양말 靴下

④ 손목시계 腕時計

⑤ 운동화 スニーカー

⑥ 신발 끈 靴ひも

⑦ 배낭
リュック / バックパック

⑧ 지퍼 ファスナー

오늘의 표현

후드티를 입다 パーカーを 着る ｜ 바지를 입다 ズボンを はく

양말을 신다 靴下を はく ｜ 운동화를 신다 スニーカーを はく

신발 끈을 묶다 靴ひもを 結ぶ ｜ 속옷과 색을 맞추다 下着と 色を 合わせる

손목시계를 차다 腕時計を はめる ｜ 배낭을 메다 リュックを 背負う

지퍼가 열려 있다 ファスナーが 開いてる ｜ 지퍼를 닫다 ファスナーを 閉める

앞과 뒤가 거꾸로다 前後ろ逆だ ｜ 겉과 속이 바뀌다 裏表逆だ

🎤 　　　　 부분에 알맞은 단어를 넣어 말해 보세요.

예 パーカー 후드티

→ その パーカー 変じゃない? 그 후드티 이상하지 않아?

① その 　　　　　　　　　 変じゃない? 그 패딩 이상하지 않아?

② その 　　　　　 変じゃない? 그 바지 이상하지 않아?

③ その 　　　　　　　 変じゃない? 그 운동화 이상하지 않아?

예 いろ 색

→ いろを 合わせる 必要は ない。 색을 맞출 필요는 없어.

④ 　　　　　 を 合わせる 必要は ない。

디자인 을 맞출 필요는 없어.

⑤ 　　　　 を 合わせる 必要は ない。 무늬 를 맞출 필요는 없어.

⑥ 　　　　　 を 合わせる 必要は ない。 길이 를 맞출 필요는 없어.

⑦ 　　　　　 を 合わせる 必要は ない。 무게 를 맞출 필요는 없어.

 정답　① ダウンジャケット　② ズボン　③ スニーカー
④ デザイン　⑤ がら　⑥ ながさ　⑦ おもさ

パーカー、へんじゃない?

후드티, 이상하지 않아?

아들이 외출 준비를 하고 있네요.

"그 ① 후드티, 이상하지 않니? 어? 그 ② 바지, 어제도 입지 않았던가?"

"③ 속옷과 ④ 양말의 색을 맞출 필요는 없단다."

"⑤ 팬티! 앞뒤 바뀌었어. ⑥ 양말! 뒤집어 신었어."

"⑦ 운동화를 신으면, 넘어지지 않도록, ⑧ 신발 끈을 다시 한번 묶어."

"⑨ 배낭의 지퍼가 열려 있지 않은지 다시 한번 확인해."

息子が 出かける 前の 支度を してます。

「その ① パーカー、変じゃない? あれ? その ② ズボン、昨日も はいてなかったっけ?」

「③ 下着と ④ 靴下の 色を 合わせる 必要は ない(わ)よ。」

「⑤ パンツ! 前後ろ 逆だよ。⑥ 靴下! 裏表 逆だよ。」

「⑦ スニーカーを はいたら、転ばないように、⑧ 靴ひもを もう 一度 結んでね。」

「⑨ リュックの ファスナーが 開いて ないか もう 一度 確認してね。」

😊 몰랐어요!

일본어로 'かばん(가방)'의 표현은?

- 여행용 캐리어 スーツケース
- 초등학생용 책가방 ランドセル
- 노트북 가방 パソコンバッグ
- 에코백 エコバッグ
- 서류 가방 ブリーフケース
- 크로스 백 斜め掛けバッグ

🎙 **_____ 부분에 알맞은 단어를 넣어 말해 보세요.**

예 **はく** 입다 ··· **はいて** 입고

➡ 昨日（きのう）も この ズボンを <u>はいて</u>なかったっけ?

어제도 이 바지를 <u>입지 않았</u>던가?

1 さっきも この 靴下（くつした）を ＿＿＿＿＿＿ っけ?

아까도 이 양말을 신지 않았 던가?

2 さっきも 確認（かくにん） ＿＿＿＿＿＿ っけ?

아까도 확인 하지 않았 던가?

3 この 前（まえ）も ファスナーが ＿＿＿＿＿＿ っけ?

얼마 전에도 지퍼가 열려 있지 않았 던가?

예 **ころぶ** 넘어지다

➡ <u>ころばない</u> ように。 넘어지지 않도록.

4 靴（くつ）ひもを ＿＿＿＿ ない ように。 신발 끈을 묶지 않도록.

5 リュックを ＿＿＿＿ ない ように。 배낭을 메지 않도록.

6 腕時計（うでどけい）を ＿＿＿ ない ように。 손목시계를 차지 않도록.

7 人（ひと）に ＿＿＿＿ ない ように。 남에게 맞추지 않도록.

 정답 ❶ はいてなかった ❷ してなかった ❸ あいてなかった
❹ むすば ❺ せおわ ❻ はめ ❼ あわせ

ちょうしょく

아침 식사

① 토스트 トースト

② 토스트기 トースター

③ 우유 牛乳ぎゅうにゅう

④ 유리컵 グラス

⑤ 계란 프라이 目玉焼めだまやき

⑥ 프라이팬 フライパン

⑦ 뒤집개 フライ返がえし

⑧ 버터 나이프 バターナイフ

⑨ 버터 バター

⑩ 잼 ジャム

오늘의 표현

아침 식사 朝食ちょうしょく / 朝あさご飯はん / 朝飯あさめし | 아침을 거르다 朝食ちょうしょくを 抜ぬく

아침을 꼭 먹다 朝食ちょうしょくを かかさない | 남은 음식으로 때우다 残のこり物もので 済すませる

토스트기로 굽다 トースターで 焼やく | 토스트가 타다 トーストが 焦こげる

잼을 바르다 ジャムを 塗ぬる | 유리컵에 따르다 グラスに 注そぐ

계란 프라이를 만들다 目玉焼めだまやきを 作つくる | 확 뒤집다 ひっくり 返かえす

예 **ちょうしょく** 아침 식사

→ <u>ちょうしょく</u>は かかさない 方^{ほう}です。

<u>아침 식사</u>는 거르지 않는 편이에요 = 꼭 먹는 편이에요.

❶ _____ は かかさない 方^{ほう}です。

복근 운동 은 거르지 않는 편이에요.

❷ _____ は かかさない 方^{ほう}です。

개 산책 은 거르지 않는 편이에요.

❸ _____ は かかさない 方^{ほう}です。

피부 관리 는 거르지 않는 편이에요

❹ _____ は かかさない 方^{ほう}です。

보습 크림 은 거르지 않는 편이에요.

예 **のこりもの** 남은 것, 남은 음식

→ <u>のこりもの</u>でも いいから。 남은 음식이라도 좋으니까.

❺ _____ でも いいから。 주먹밥 이라도 좋으니까.

❻ _____ でも いいから。 시리얼 이라도 좋으니까.

❼ _____ でも いいから。 샌드위치 라도 좋으니까.

정답 ❶ ふっきん うんどう　❷ いぬの さんぽ　❸ スキンケア　❹ ほしつ クリーム
❺ おにぎり　❻ シリアル　❼ サンドイッチ

まいあさ、かかさない

매일 아침, 거르지 않아

나는 ① 아침을 거르면, 힘이 안 나요. 어제 ② 남은 음식이라도 좋으니까 ③ 꼭 먹는 편이에요.
오늘 아침은 ④ 계란 프라이와 ⑤ 토스트와 ⑥ 우유예요. ⑦ 토스트기로 빵을 굽고, ⑧ 프라이팬으로 계란
프라이를 만들어요. 그리고, ⑨ 우유를 유리컵에 따라요. 앗, ⑩ 빵이 타버렸네. 괜찮아! ⑪ 잼을 바르면,
어떻게든 되겠지.

私は ① 朝食を 抜くと、力が 出ません。昨日の ② 残り物でも いいから、③ かかさない
方です。
今朝は ④ 目玉焼きと ⑤ トーストと ⑥ 牛乳です。⑦ トースターで パンを 焼いて、
⑧ フライパンで 目玉焼きを 作ります。それから、⑨ 牛乳を グラスに 注ぎます。あれ、
⑩ パンが 焦げちゃった。大丈夫！⑪ ジャムを 塗ったら、何とか なる。

😀 몰랐어요!

일본어로 'たまご料理(계란 요리)'의 표현은?

'달걀, 계란'은 한자로 「卵」와 「玉子」 둘 다 사용해요.

- 계란말이 たまご焼き
- 계란 프라이 目玉焼き
- 삶은 계란 ゆでたまご
- 온천의 열로 구운 계란 温泉たまご
- 스크램블 スクランブルエッグ
- 계란찜 茶碗蒸し
- 완숙 完熟
- 반숙 半熟

🎙 ___ 부분에 알맞은 단어를 넣어 말해 보세요.

예 **やく** 굽다

→ トースター<u>で</u> <u>やきます</u>。토스트기로 구워요.

1 フライパン ___ 。프라이팬 [으로] [만들어요] .

2 フライ返し(がえ) ___ 。뒤집개 [로] 확 [뒤집어요] .

3 バターナイフ ___ 。버터나이프 [로] [발라요] .

4 パン ___ 。빵 [으로] [때워요] .

예 **ぬる** 바르다 ··· **ぬった** 발랐다

→ <u>ぬったら</u>、何(なん)とか なる。바르면 어떻게든 되겠지.

5 ___ 、何(なん)とか なる。만들면 , 어떻게든 되겠지.

6 ___ 、何(なん)とか なる。따르면 , 어떻게든 되겠지.

7 ひっくり ___ 、何(なん)とか なる。

확 [뒤집으면] , 어떻게든 되겠지.

정답 **1** で / つくります **2** で / ひっくり かえします **3** で / ぬります **4** で / すませます
5 つくったら **6** そそいだら **7** かえしたら

Day 15

げんかん

현관

① 현관 玄関（げんかん）

② 신발장 下駄箱（げたばこ）

③ 현관 매트 玄関（げんかん）マット

④ 신발, 구두 靴（くつ）

⑤ 장화 長靴（ながぐつ）

⑥ 구둣주걱 靴（くつ）ベラ

신발 밑창 アウトソール

⑦ 신발 깔창 中敷（なかじ）き

열쇠 カギ

스페어 열쇠 合（あ）いカギ

오늘의 표현

신발을 신다 靴（くつ）を はく ｜ 구둣주걱을 사용하다 靴（くつ）ベラを 使（つか）う

깔창을 깔다 中敷（なかじ）きを しく ｜ 키가 자라다(커지다) 背（せ）が 伸（の）びる

오래 가다 長持（ながも）ち する ｜ 굽이 높다 ヒールが 高（たか）い

발에 익숙한 신발 はきなれた 靴（くつ） ｜ 발에 익숙하지 않은 신발 はきなれない 靴（くつ）

문을 잠그다 ドアに カギを かける ｜ 문단속을 하다 戸締（とじま）りを する

부분에 알맞은 단어를 넣어 말해 보세요.

예 **くつ** 신발

→ <u>くつ</u>が 長持ち する そうです。 신발이 오래 간다네요.

① _____ が 長持ち する そうです。 꽃다발 이 오래 간다네요.

② _____ が 長持ち する そうです。 건전지 가 오래 간다네요.

③ _____ が 長持ち する そうです。

고기 가 오래 보관 가능하다네요.

예 **なかじき** 깔창

→ 靴に <u>なかじきを</u> しきます。 신발에 깔창을 깔아요.

④ 玄関に _____ を しきます。 현관에 매트 를 깔아요.

⑤ 玄関に _____ を しきます。 현관에 타일 을 깔아요.

⑥ 部屋に _____ を しきます。 방에 카펫 을 깔아요.

⑦ 部屋に _____ を しきます。 방에 이불 을 깔아요.

정답 ❶ はなたば   ❷ でんち   ❸ にく
❹ マット   ❺ タイル   ❻ カーペット   ❼ ふとん

はきなれた くつ

발에 익숙한 신발

① 신발에 ② 깔창을 깔아요. 까는 것만으로, ③ 키가 1센티는 자란 기분이에요.
④ 구둣주걱을 사용해서, ⑤ 신발을 신어요. 사용하지 않아도 되지만, 구둣주걱을 사용하면,
⑥ 신발이 오래 간다네요.
어제는 ⑦ 굽이 높고 ⑧ 발에 익숙하지 않은 구두를 신은 탓에, 지쳤어요.
역시 ⑨ 발에 익숙한 신발이 최고예요.
⑩ 현관문을 잠그고, 다시 한번 ⑪ 문단속을 해요.

① 靴に ② 中敷きを しきます。しいた だけで、③ 背が 1センチは 伸びた 気が します。
④ 靴ベラを 使って、⑤ 靴を はきます。使わなくても いいけど、靴ベラを 使えば、
⑥ 靴が 長持ち する そうです。
昨日は ⑦ ヒールが 高くて、⑧ はきなれない 靴を はいた せいで、疲れました。
やっぱり ⑨ はきなれた 靴が 一番です。
⑩ 玄関の ドアに カギを かけて、もう 一度 ⑪ 戸締りを します。

😊 몰랐어요!

일본어로 '**くつ**(신발)'의 표현은?

- 가죽 구두 **革靴**
- 샌들 **サンダル**
- 운동화 **スニーカー**
- 하이힐 **ヒール**
- 부츠 **ブーツ**
- 스키부츠 **スキー靴**

🎙️ **부분에 알맞은 단어를 넣어 말해 보세요.**

예 **せが のびる** 키가 자라다, 키가 커지다

➜ <u>せが のびた</u> 気が します。 <u>키가 자란</u> 기분이에요.

① _____ 気が します。 지친 ___ 기분이에요.

② _____ 気が します。 깔창을 깐 ___ 기분이에요.

③ 上手に _____ 気が します。 능숙하게 사용한 ___ 기분이에요.

예 **はく** 신다 ⋯ **はきます** 신습니다

➜ <u>はき</u>なれた 靴。 신기에 익숙한 신발 = 발에 익숙함.

④ _____ なれた スマホ。 사용하기에 ___ 익숙한 스마트폰.

⑤ _____ なれた 料理。 만들기에 ___ 익숙한 요리 = 익숙하게 만듦.

⑥ _____ なれた 声。 듣기 ___ 익숙한 목소리 = 귀에 익숙함.

 정답 ❶つかれた ❷なかじきを しいた ❸つかった
❹つかい ❺つくり ❻きき

Day 17

つうきんと つうがく

통근과 통학

역 駅

❶ 전철 電車

각 역 정차 各駅 停車

급행 急行

쾌속 快速

특급 特急

❷ 줄 列

승강장 ホーム

❸ 역무원 駅員

❹ 승객 乗客

❺ 여성 전용칸 女性専用車両

노약자석 優先席

오늘의 표현

지각하다 遅刻する ｜ 전력 질주하다 ダッシュ する ｜ 숨이 차다 息が 切れる

쓰러지다 倒れる ｜ 아슬아슬하게 시간에 맞추다 ギリギリ 間に合う

줄을 서다 列に 並ぶ ｜ 전철을 타다 電車に 乗る ｜ 전철을 탈 수 있다 電車に 乗れる

하나 늦게 타다 一本 遅れる ｜ 목이 위험하다, 해고될 것 같다, 잘릴 것 같다 首が 危ない

전철에서 내리다 電車から 降りる ｜ 안으로 들어가다 奥に つめる

좌우로 밀어 헤치다 かき分ける

부분에 알맞은 단어를 넣어 말해 보세요.

예 **ひと** 사람

➜ **ひと**が 多^{おお}すぎて。 사람이 너무 많아서.

❶ _____ が 多^{おお}すぎて。 역 이 너무 많아서.

❷ _____ が 多^{おお}すぎて。 승강장 이 너무 많아서.

❸ _____ が 多^{おお}すぎて。 승객 이 너무 많아서.

예 **でんしゃ** 전철

➜ **でんしゃ**に 間^まに 合^あいました。

전철 시간에 맞췄어요 = 전철을 탈 수 있었어요.

❹ ギリギリ _____ に 間^まに 合^あいました。

아슬아슬하게 회사 시간에 맞췄어요 = 지각하지 않았어요.

❺ _____ に 間^まに 合^あいました。

약속 시간에 맞췄어요 = 약속 시간을 지켰어요.

❻ 何^{なん}とか _____ に 間^まに 合^あいました。

어떻게든 수업 시간에 맞췄어요 = 수업을 들을 수 있었어요.

정답 ❶えき ❷ホーム ❸じょうきゃく
❹かいしゃ ❺やくそく ❻じゅぎょう

ダッシュ しなきゃ!

전력 질주해야 해!

① 지각할 것 같아! 서둘러야 해. 역까지 ② 전력 질주해요. 헉헉, ③ 숨이 차서, ④ 쓰러질 것 같지만,
⑤ 아슬아슬하게 전철 시간에 맞췄어요. ⑥ 줄을 서서, 전철을 기다려요. 사람이 너무 많아서 ⑦ 못 타요.
⑧ 하나 늦게 타면(놓치면), 틀림없이 지각이에요. ⑨ 목이 위험해(잘릴 것 같아)!
"죄송해요. 좀 더 ⑩ 안으로 들어가 주실 수 있나요?" 어떻게든 탈 수 있었지만, ⑪ 내릴 때도 큰일이에요.
"죄송해요. 내릴게요." 사람들을 ⑫ 좌우로 밀어 헤치며 내려요.

① 遅刻しそう! 急がなきゃ。駅まで ② ダッシュ します。ハァハァ、③ 息が 切れて、
④ 倒れそうだけど、⑤ ギリギリ 電車に 間に合いました。⑥ 列に 並んで、電車を 待ちます。人が 多すぎて ⑦ 乗れません。⑧ 一本 遅れると、間違い なく 遅刻です。⑨ 首が
危ない!
「すみません。もう 少し ⑩ 奥に つめて もらえますか。」何とか 乗れたけど、⑪ 降りる 時
も 大変です。
「すみません。降ります。」人を ⑫ かき分けて 降ります。

😊 몰랐어요!

일본어로 'つめる(꽉 채우다)'의 응용 표현은?

• 奥に つめる 안으로 들어가다, 안쪽에까지 꽉 채우다

예 奥に つめて もらえますか。안쪽까지 꽉 채워 주실 수 있나요?
= 안으로 들어가 주실 수 있나요?

🎙️ ⬜ 부분에 알맞은 단어를 넣어 말해 보세요.

예 **する** 하다 ⋯ **します** 합니다

➡ **遅刻(ちこく)し**そう！ 지각할 것 같아!

① **終電(しゅうでん)に** ⬜ **そう！** 막차 시간에 맞출 수 있을 것 같아!

② **電車(でんしゃ)に** ⬜ **そう！** 전철을 탈 수 있을 것 같아!

③ **息(いき)が 切(き)れて、** ⬜ **そう！** 숨이 차서, 쓰러질 것 같아!

④ **暑(あつ)くて、** ⬜ **そう！** 더워서, 죽을 것 같아!

예 **おくに つめる** 안으로 들어가다, 안쪽에까지 꽉 채우다

➡ **おくに つめて もらえますか。** 안으로 들어가 주실 수 있나요?

⑤ **ちょっと** ⬜ **もらえますか。** 잠깐 내려 주실 수 있나요?

⑥ **一緒(いっしょ)に** ⬜ **もらえますか。** 함께 타 주실 수 있나요?

⑦ **こちらの 列(れつ)に** ⬜ **もらえますか。**

이쪽으로 줄 서 주실 수 있나요?

정답
① まにあい　② のれ　③ たおれ　④ しに
⑤ おりて　⑥ のって　⑦ ならんで

こうこうの きょうしつ

고등학교 교실

① 2학년 3반 **2年 3組**

② 교실 **教室 / クラス**

③ 칠판 **黒板**

④ 교과서 **教科書**

⑤ 교복 **制服**

⑥ 학생 **生徒**

⑦ 담임 선생님 **担任の 先生**

⑧ 교장 선생님 **校長先生**

반장 **学級委員**

전학생 **転校生**

오늘의 표현

시작종이 울리다 **チャイムが 鳴る** | 자리에 앉다 **席に つく**

출석을 부르다 **出席を 取る** | 3일 연속 결석이다 **3日連続で 休みだ**

등교 거부를 하다 **不登校に なる** | 몸 상태가 나쁘다 **具合が 悪い**

보건실에 갔다 오다 **保健室に 行って くる** | 조용히 **静かに**

교과서를 펴다 **教科書を 開く** | 자료를 돌리다 **資料を 配る**

숙제를 내다 **宿題を 出す** | 수업을 시작하다 **授業を 始める**

부분에 알맞은 단어를 넣어 말해 보세요.

예 **しずかだ** 조용하다

→ みんな、 **しずかに**! **しずかに**! 모두, 조용히! 조용히!

① みんな、 　　　　　 ！ 　　　　 ！ 모두, 성실히 ！ 성실히 ！

② みんな、 　　　　 ！ 　　　　 ！

모두, 깨끗하게 ！ 깨끗하게 ！

③ みんな、 　　　　　 ！ 　　　　 ！ 모두, 간단히 ！ 간단히 ！

예 **ふとうこう** 등교 거부

→ **ふとうこうに** ならないと、 いいけど。

등교 거부 하지 않으면(안 되면) 좋을 텐데.

④ 　　　　　 に ならないと、 いいけど。 담임 이 안 되면 좋을 텐데.

⑤ 　　　　　 に ならないと、 いいけど。

2학년 이 안 되면 좋을 텐데.

⑥ 　　　　　　　 に ならないと、 いいけど。

2학년 3반 이 안 되면 좋을 텐데.

⑦ 　　　　　　 に ならないと、 いいけど。

같은 반 이 안 되면 좋을 텐데.

---

 ① まじめに / まじめに　　**②** きれいに / きれいに　　**③** かんたんに / かんたんに
④ たんにん　　**⑤** にねんせい　　**⑥** にねん さんくみ　　**⑦** おなじ クラス

にねん さんくみ

2학년 3반

모두, ① 시작종이 울렸어요. 빨리 ② 자리에 앉아요! 지금부터 ③ 출석을 부를게요. 고바야시 군은
④ 3일 연속으로 결석이네. ⑤ 등교 거부 하지 않으면 좋을 텐데. 다나카 군! ⑥ 몸 상태가 나쁘면,
⑦ 보건실에 갔다 와도 돼.
모두, ⑧ 조용히! 조용히! ⑨ 교과서 51페이지를 ⑩ 펴세요. 지금부터 ⑪ 자료를 돌릴게요. 지난주
⑫ 숙제도 내세요.
그럼, ⑬ 수업을 시작합시다.

みんな、① チャイムが 鳴りましたよ。早く ② 席に ついて ください! 今から ③ 出席を 取
ります。小林君は ④ 3日連続で 休みだな。⑤ 不登校に ならないと、いいけど。田中
君! ⑥ 具合が 悪いなら、⑦ 保健室に 行って きて いいよ。
みんな、⑧ 静かに! 静かに! ⑨ 教科書の 51ページを ⑩ 開いて ください。今から
⑪ 資料を 配ります。先週の ⑫ 宿題も 出して くださいね。
じゃ、⑬ 授業を 始めましょう。

😊 몰랐어요!

일본어로 '号令(호령)' 표현?

한국의 '차려 - 열중쉬어 - 차려 - 선생님께 경례!'와 같이 일본도 초등학교(小学
校), 중학교(中学校)에서는 호령을 사용해요.
• 起立(기립) ― 気を 付け(차려) ― 礼(인사) ― 着席(착석)

🎤 ⬚⬚⬚ 부분에 알맞은 단어를 넣어 말해 보세요.

例 **だす** 내다, 제출하다

→ 宿題<ruby>しゅくだい</ruby>を だして ください。 숙제를 내세요.

① 資料<ruby>しりょう</ruby>を ⬚⬚⬚⬚ ください。 자료를 돌리 세요.

② 席<ruby>せき</ruby>に ⬚⬚⬚ ください。 자리에 앉으 세요.

③ 教科書<ruby>きょうかしょ</ruby>を ⬚⬚⬚⬚ ください。 교과서를 펴 세요.

④ 授業<ruby>じゅぎょう</ruby>を ⬚⬚⬚⬚ ください。 수업을 시작 하세요.

例 **いく** 가다

→ 保健室<ruby>ほけんしつ</ruby>に いって きて いいよ。 보건실에 갔다 와도 돼.

⑤ トイレに ⬚⬚⬚⬚⬚ いいよ。 화장실에 갔다 와도 돼.

⑥ 先生<ruby>せんせい</ruby>に ⬚⬚⬚⬚ いいよ。 선생님에게 내고 와도 돼.

⑦ お弁当<ruby>べんとう</ruby>を ⬚⬚⬚⬚⬚ いいよ。 도시락을 먹고 와도 돼.

정답
① くばって   ② ついて   ③ ひらいて   ④ はじめて
⑤ いってきて   ⑥ だしてきて   ⑦ たべてきて

안에 알맞은 표현을 넣어 보세요.

1 색을 맞출 필요는 없어.
　　　を 合わせる 必要は ない。

2 어제도 이 바지를 입지 않았던가?
昨日も この ズボンを 　　　っけ?

3 아침 식사는 꼭 먹는 편이에요.
　　　　　　　　 は かかさない 方です。

4 바르면 어떻게든 되겠지.
　　　　　、 何とか なる。

5 신발이 오래 간다네요.
　　　が 長持ち する そうです。

6 신기에 익숙한 신발.
　　　なれた 靴。

7 전철을 탈 수 있었어요.
　　　に 間に合いました。

8 지각할 것 같아!
遅刻　　 そう!

9 모두, 조용히! 조용히!
みんな、 　　　　　! 　　　　　!

10 화장실에 갔다 와도 돼.
トイレに 　　　　　 いいよ。

母　早く 起きて！ もう、遅刻しても 知らないよ！

息子　あと、5分だけ。

母　どうしたの？ 鏡の 前で、ぼーっとして。着替えないの？

息子　着て 行く 服が 決まらない。

母　この 前、買った 服を 着れば いいんじゃない。

息子　朝ご飯は また 昨日の 残り物？ 食べたくない。

母　時間ないから、黙って 食べなさい。

息子　あっ、今日も 学校に 遅れそう。ダッシュ しなきゃ！ 行って きます。

엄마　빨리 일어나! 이제, 지각해도 난 몰라!

아들　앞으로 5분만 더.

엄마　왜 그래? 거울 앞에서, 멍하니 있고. 안 갈아입을 거야?

아들　입고 갈 옷을 못 정하겠어.

엄마　얼마 전에 산 옷을 입으면 좋을 것 같은데.

아들　아침밥은 또 어제 남은 거야? 먹고 싶지 않아.

엄마　시간 없으니까, 조용히 먹거라.

아들　앗, 오늘도 학교에 늦을 것 같아. 전력 질주해야 해! 다녀오겠습니다.

だいがく

대학교

경영학부 経営学部

경영학과 経営学科

① 강의실 講義室

② 교수 教授

③ 대학생 大学生

대학원생 大学院生

오픈북 시험 持ち込み可 試験

④ 교과서 教科書

교과서 요약한 것 教科書の レジュメ

⑤ 수업 정리한 노트 授業の まとめノート

오늘의 표현

기말시험이 시작되다 期末試験が 始まる ｜ 1교시 一限目 ｜ 필수 이수과목 必修科目

졸업할 수 있다 卒業できる ｜ 출석이 부족하다 出席が 足りない

리포트를 제출하다 レポートを 提出する ｜ 학점을 받다 単位を 取る

재수생 浪人生 ｜ 재수학원에 다니다 予備校に 通う ｜ 1학년 1年生

더 이상 これ 以上 ｜ 인생을 허비하다 人生を 無駄に する

부분에 알맞은 단어를 넣어 말해 보세요.

예 **しゅっせき** 출석

➡ <u>しゅっせき</u>が 足りない。 출석이 부족해.

❶ _____ が 足りない。 학점 이 부족해.

❷ _____ が 足りない。 점수 가 부족해.

❸ _____ が 足りない。 정리 노트 가 부족해.

예 **むだに** 허비하게, 쓸데없이

➡ <u>むだに</u> したく ない。 허비하고 싶지 않아.

❹ _____ したく ない。 재수 하고 싶지 않아.

❺ _____ したく ない。 졸업 하고 싶지 않아.

❻ _____ したく ない。 유급 하고 싶지 않아.

❼ _____ したく ない。 휴학 하고 싶지 않아.

정답 ❶たんい ❷てんすう ❸まとめノート
❹ろうにん ❺そつぎょう ❻りゅうねん ❼きゅうがく

たんいが たりない

학점이 부족해

이제 곧 ① 기말시험이 시작되지만, ② 1교시 수업에 거의 나가지 않았어요.
③ 필수과목인데 어쩌지. 이대로라면 ④ 졸업할 수 없어요. ⑤ 출석이 부족하니까, 앞으로 ⑥ 리포트를
제출하고, 시험을 열심히 하면, ⑦ 학점은 받을 수 있을 것 같아요.
야마다에게 ⑧ 교과서 요약한 것과 ⑨ 수업 정리 노트를 부탁해 봐야지.
⑩ 재수생일 때, 같은 ⑪ 재수학원에 다녔던 야마다는 ⑫ 1학년 때부터 학점을 제대로 받았어요. ⑬ 더
이상 ⑭ 인생을 허비하고 싶지 않다고 하더라고요.

もうすぐ ①期末試験が 始まるけど、②一限目の 授業に ほとんど 出てませんでした。
③必修科目なのに どうしよう。このままじゃ ④卒業できません。⑤出席が 足りないか
ら、これから ⑥レポートを 提出して、試験を 頑張れば、⑦単位は 取れそうです。
山田に ⑧教科書の レジュメと ⑨授業の まとめノートを 頼んで みよう。
⑩浪人生の 時、同じ ⑪予備校に 通って いた 山田は ⑫1年生の 時から 単位を
しっかり 取ってました。⑬これ 以上 ⑭人生を 無駄に したく ない らしいです。

😀 몰랐어요!

일본어로 '수업을 듣다'의 표현은?

- 授業を受ける 수업에 참가하여 수업을 듣다
- 授業を取る   선택할 수 있는 수업 중 하나를 자신이 골라서 듣다

부분에 알맞은 단어를 넣어 말해 보세요.

(예) **たのむ** 부탁하다

→ ノートを <u>たのんで</u> みよう。 노트를 <u>부탁해</u>보자.

① 授業に [　　] みよう。 수업에 나가 보자.

② 授業を [　　] みよう。 수업을 들어 보자.

③ 単位を [　　] みよう。 학점을 따 보자.

④ 予備校に [　　] みよう。 재수학원에 다녀 보자.

(예) **がんばる** 열심히 하다

→ 試験を <u>がんばれば</u>、できます。 시험을 <u>열심히</u> 하면, 가능해요.

⑤ 教授に [　　　　]、できます。 교수님에게 부탁하면 , 가능해요.

⑥ レポートを [　　　　　]、できます。

리포트를 제출하면 , 가능해요.

⑦ 出席を しっかり [　　　]、できます。

출석을 제대로 하면 , 가능해요.

Day 23

オフィスで しごと

사무실에서 일하기

사무실 **オフィス**

❶ 컴퓨터 **パソコン**

계산기 **電卓_{でんたく}**

복사기 **コピー機_き**

❷ 영상 회의 **テレビ会議_{かいぎ}**

프레젠테이션 **プレゼン**

외근 **外回_{そとまわ}り**

자료 **資料_{しりょう}**

제안서 **提案書_{ていあんしょ}**

보고서 **報告書_{ほうこくしょ}**

❸ 상사 **上司_{じょうし}**

❹ 부하 **部下_{ぶか}**

오늘의 표현

자리에 앉다 **席_{せき}に つく** ｜ 컴퓨터를 켜다 **パソコンを 起動_{きどう}する**

사전 회의를 하다 **打_うち合_あわせを する** ｜ 사내메일을 확인하다 **社内_{しゃない}メールを チェック する**

업무를 정리하다 **タスクを 整理_{せいり}する** ｜ 거래처와의 미팅 **取引先_{とりひきさき}との ミーティング**

타 부서와 의논하다 **他部署_{たぶしょ}と 話_{はな}し合_あう** ｜ 자신의 담당 **自分_{じぶん}の 担当_{たんとう}**

정보를 입수하다 **情報_{じょうほう}を 手_てに 入_いれる** ｜ 메일을 주고 받다 **メールの やり取_とりを する**

보고서를 작성하다 **報告書_{ほうこくしょ}を 作成_{さくせい}する**

약속을 잡다 **アポを 取_とる** (＊「アポ」は「アポイントメント」の 준말)

예 アポ 약속

→ アポを 取りました。 약속을 잡았어요.

1 ＿＿＿＿＿を 取りました。 휴가 를 잡았어요.

2 ＿＿＿＿＿を 取りました。 계약 을 땄어요.

3 ＿＿＿＿＿＿＿を 取りました。 큰 건의 계약 을 땄어요.

4 ＿＿＿を 取りました。 자격 을 땄어요.

예 うちあわせ 사전 회의

→ 重要な うちあわせです。 중요한 사전 회의예요.

5 重要な ＿＿＿です。 중요한 약속 이에요.

6 重要な ＿＿＿＿＿です。 중요한 거래처 예요.

7 重要な ＿＿＿です。 중요한 업무 예요.

정답　❶ きゅうか　❷ けいやく　❸ おおぐち けいやく　❹ しかく
❺ アポ　❻ とりひきさき　❼ タスク

Day 24

タスクの チェック

업무 확인

사무실 ① 자리에 앉아서, 우선 ② 컴퓨터를 켜요. 10시의 ③ 사전 회의 전까지 커피를 마시면서, ④ 사내 메일을 확인하거나, 하루의 ⑤ 업무를 정리하거나 해요. 내일 예정되어 있는 ⑥ 거래처와의 미팅에 맞춰서, 타 부서와 중요한 사전 회의를 해요. ⑦ 타 부서와 의논함으로써, ⑧ 자기 담당뿐만 아니라, 여러 가지 ⑨ 정보를 여기에서 입수할 수 있어요.
오후에는 거래처와 ⑩ 메일을 주고받거나, ⑪ 약속을 잡거나 해요. 그리고, 거래처용의 ⑫ 제안서나 ⑬ 자료 작성, ⑭ 보고 등을 해요.

オフィスの ① 席に ついて、まず ② パソコンを 起動します。10時の ③ 打ち合わせまでに コーヒーを 飲みながら、④ 社内メールを チェック したり、一日の ⑤ タスクを 整理したり します。明日 予定されて いる ⑥ 取引先との ミーティングに あたって、他部署と 重要な 打ち合わせを します。⑦ 他部署と 話し合うことで、⑧ 自分の 担当だけでなく、色々な ⑨ 情報を ここで 手に 入れる ことが できます。
午後は 取引先と ⑩ メールの やり取りを したり、⑪ アポを 取ったり します。それから、取引先への ⑫ 提案書や ⑬ 資料の 作成、⑭ 報告などを します。

😄 몰랐어요!

일본어로 '회의를 하다'의 표현은?

• 会議を する ＝ ミーティングを する 회의를 하다
• 打ち合わせを する 어떤 일을 앞두고 사전에 모여 협의 또는 회의를 하다

예 **はなしあう** 의논하다

➡ **はなしあうことで、解決できます。**
의논함으로써, 해결할 수 있어요.

① **席に** [ ] **ことで、落ち着きます。** 자리에 앉음 으로써, 차분해져요.

② **タスクを** [ ] **ことで、チェック できます。**

업무를 정리함 으로써, 확인할 수 있어요.

③ **打ち合わせを** [ ] **ことで、プレゼン できます。**

사전 회의를 함 으로써, 프레젠테이션 할 수 있어요.

예 **のむ** 마시다 ⋯ **のみます** 마십니다

➡ **コーヒーを のみながら、します。** 커피를 마시면서, 해요.

④ **パソコンを** [ ] **、します。**

컴퓨터를 켜면서 , 해요.

⑤ **メールの** [ ] **、します。**

메일을 주고받으면서 , 해요.

⑥ **報告書を** [ ] **、します。**

보고서를 작성하면서 , 해요.

정답　①つく　②せいりする　③する
④きどうしながら　⑤やりとりをしながら　⑥さくせいしながら

かいしゃの でんわ

회사 전화

경어 표현 1 명사 앞에 お 또는 ご를 붙여요.

전화 お電話   신세 お世話   전할 말 ご伝言   용건 ご用件

경어 표현 2 존경은 남의 행동 / 겸양은 나의 행동 / 정중은 모두 사용

- ~입니다 ~で ございます (~です의 정중)
- 계십니다 いらっしゃいます (います의 존경)
- ~하고 있습니다 ~て おります (~て います의 겸양)
- ~하겠습니다 いたします (します의 겸양)
- 받을 수 있습니다 いただけます (もらえます의 겸양)

오늘의 표현

전화를 받다 電話を 取る ｜ 다른 전화를 받다 別の 電話に 出る

전화를 걸다 電話を かける ｜ 다시 전화를 하게 하다 折り返し 電話を させる

신세지다 お世話に なる ｜ 전화를 바꾸다 電話を 替わる ｜ 자리를 비우다 席を 外す

외출하다 外出する ｜ 휴가를 받다 休みを いただく ｜ 접객하다 接客する

전화가 잘 안 들리는 것 같습니다 お電話が 少し 遠いようです

몰랐어요!

비즈니스 매너 '전화 벨이 3번 울리기 전에 받아요'.

만약 3번 이상 울린 후에 전화를 받을 경우에는 다음과 같이 말해요.

- (大変) お待たせしました. (대단히) 오래 기다리셨습니다.

부분에 알맞은 단어를 넣어 말해 보세요.

예 **ぶちょう** 부장님

→ <u>ぶちょう</u> いらっしゃいますか。 <u>부장님</u> 계십니까?

① _____ いらっしゃいますか。 사장님 계십니까?

② _____ いらっしゃいますか。 과장님 계십니까?

③ _____ いらっしゃいますか。 담당자 분 계십니까?

④ _____ いらっしゃいますか。

영업쪽 분 계십니까?

예 **おつなぎ** 연결

→ <u>おつなぎ</u> いたします。 <u>연결</u>하겠습니다.

⑤ _____ いたします。 전화 하겠습니다.

⑥ _____ いたします。 확인 하겠습니다.

⑦ _____ いたします。 실례 하겠습니다.

⑧ _____ いたします。 전달 하겠습니다.

---

 ❶ しゃちょう ❷ かちょう ❸ たんとうの かた ❹ えいぎょうの かた
❺ おでんわ ❻ ごかくにん ❼ しつれい ❽ おつたえ

Day 26

でんわが とおいです

전화가 잘 안 들려요

> 네, 주식회사 A입니다.
> **はい、株式会社Aで ございます。**

> 수고 많으십니다. B전기의 다나카입니다만, 하야시 부장님은 계십니까?
> **お世話に なります。 B電機の、 田中ですが、**
> **林部長は いらっしゃいますか。**

- 내선으로 돌리는 경우
  - A 부장인 하야시 말씀이시지요. 지금 연결해 드리겠습니다.
  - C 지금 전화 바꿨습니다. 하야시입니다.
  - A **部長の 林で ございますね。只今、 おつなぎ いたします。**
  - C **只今、 お電話 替わりました。林です。**

- 잠시 전화를 받지 못 할 경우
  - A 하야시는 지금 자리를 비우고 없습니다만.
  - B 돌아오시는 대로, 전화 주십사 전해 주시겠어요?
  - A **林は 只今 席を 外して おりますが。**
  - B **戻り 次第、 お電話 いただけるよう お伝え いただけますか。**

- 장시간 전화를 받지 못 할 경우
  - A 공교롭게도 하야시는 외출 중입니다만, 다시 전화 걸게 하도록 하겠습니다.
  - B 괜찮습니다. 전언만 부탁할 수 있을까요?
  - A **あいにく 林は 外出中で ございますが、 折り返し 電話を させます。**
  - B **大丈夫です。 ご伝言だけ お願い できますか。**

🎤 **부분에 알맞은 단어를 넣어 말해 보세요.**

<예> **せきを はずす** 자리를 비우다

➡ <ruby>只今<rt>ただ いま</rt></ruby> <u>せきを はずして</u> おります。 지금 <u>자리를 비우고</u> 없습니다.

❶ <ruby>只今 別の<rt>ただいま べつ</rt></ruby> _____ おります。

지금 다른 전화를 받고 있습니다.

❷ <ruby>只今 休みを<rt>ただいま やす</rt></ruby> _____ おります。 지금 휴가를 받아 없습니다.

❸ <ruby>只今 病欠を<rt>ただいま びょうけつ</rt></ruby> _____ おります。 지금 병가를 내서 없습니다.

<예> **がいしゅつちゅう** 외출 중

➡ あいにく <u>がいしゅつちゅうで</u> ございますが。
공교롭게도 <u>외출 중</u>입니다만.

❹ あいにく _____ で ございますが。

공교롭게도 회의 중 입니다만.

❺ あいにく _____ で ございますが。

공교롭게도 접객 중 입니다만.

❻ あいにく _____ で ございますが。

공교롭게도 휴가 중 입니다만.

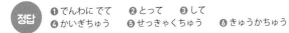

정답 ❶ でんわに でて   ❷ とって   ❸ して
❹ かいぎちゅう   ❺ せっきゃくちゅう   ❻ きゅうかちゅう

ちゅうしょく

점심 식사

오피스 거리 **オフィス街**

일식집 **和食屋**

중화요리집
中華料理屋

양식집 **洋食屋**

❶ 패스트푸드
ファーストフード

❷ 도시락집 **弁当屋**

런치 세트 **ランチセット**

❸ 런치 메뉴
ランチメニュー

날마다 바뀌는 런치 메뉴
日替わりランチ

단골집 **行きつけの店**

단골 손님 **常連客**

오늘의 표현

점심을 먹다 **昼食を取る / 昼ご飯を食べる** ｜ 사원 식당 **社食**

동료와 밖에 나가다 **同僚と外に出る** ｜ 정해진 가게 **お決まりの店**

일식양식중식 **和洋中** ｜ 외근 갈 때 **外回りの時** ｜ 어느 맛집 사이트 **某グルメサイト**

검색하다 **検索する** ｜ 거래처 근처 가게에 가다 **取引先の近くの店に行く**

괜찮을 때도 있고 별로일 때도 있다 **当たり外れはある**

도시락을 사 오다 **お弁当を買ってくる** ｜ 내 자리에서 먹다 **自分の席で食べる**

🎤 ___ 부분에 알맞은 단어를 넣어 말해 보세요.

예 **じぶんの せき** 내 자리

➜ 一人で じぶんの せきで 食べます。 혼자서 내 자리에서 먹어요.

① 友達と ___ で 食べます。 친구와 밖 에서 먹어요.

② 同僚と ___ で 食べます。 동료와 사원 식당 에서 먹어요.

③ 女子だけで ___ で 食べます。

여자들끼리 단골집 에서 먹어요.

④ みんなで ___ で 食べます。

모두 함께 정해진 가게 에서 먹어요.

예 **オフィスがい** 오피스 거리

➜ オフィスがいなので、 何でも あります。

오피스 거리이기 때문에, 뭐든지 다 있어요.

⑤ ___ なので、 賑やかです。

상점가 이기 때문에, 북적거려요.

⑥ ___ なので、 安いです。 대학가 이기 때문에, 싸요.

⑦ ___ なので、 静かです。

주택가 이기 때문에, 조용해요.

정답
① そと ② しゃしょく ③ いきつけのみせ ④ おきまりのみせ
⑤ しょうてんがい ⑥ がくせいがい ⑦ じゅうたくがい

しゃしょくが ありません

사원 식당이 없어요

이전 회사와 다르게, 지금 회사는 ① 사원 식당이 없어요. 그래서 보통은 ② 동료와 밖에 나가서, ③ 점심을 먹어요. 특별히 ④ 정해진 가게는 없어요. 여기는 ⑤ 오피스 거리이기 때문에, 맛있고 싼 가게가 많아요. ⑥ 일식 양식 중식, 뭐든지 있어요.

가끔 ⑦ 외근 갈 때는 ⑧ 어느 맛집 사이트에서 ⑨ 검색해서, ⑩ 거래처 근처에 있는 맛있는 가게에 가요. 당연히 ⑪ 괜찮을 때도 별로일 때도 있겠지요. 오늘은 바빠서, ⑫ 도시락을 사 와서 ⑬ 내 자리에서 먹어요.

前の 会社と 違って、今の 会社は ① 社食が ありません。それで 普段は ② 同僚と 外 に 出て、③ 昼食を 取ります。特に ④ お決まりの 店は ありません。ここは ⑤ オフィス街 なので、美味しくて 安い お店が 多いです。⑥ 和洋中、何でも あります。

たまに ⑦ 外回りの 時は ⑧ 某グルメサイトで ⑨ 検索して、⑩ 取引先の 近くの 美味しい 店へ 行きます。もちろん ⑪ 当たり外れは あるでしょう。今日は 忙しくて、⑫ お弁当を 買って きて ⑬ 自分の 席で 食べます。

😊 몰랐어요!

일본어로 '급식, 학식, 사원식당'의 표현은?

- **給食** 급식
- **学食** 학식(学生食堂의 준말)
- **社食** 사원 식당 (社員食堂의 준말)

부분에 알맞은 단어를 넣어 말해 보세요.

예 ある 있다

→ もちろん 当<small>あ</small>たり 外<small>はず</small>れは <u>あるでしょう</u>。

당연히 괜찮을 때도 별로일 때도 <u>있겠지요</u>.

❶ ここなら 何<small>なん</small>でも　　　　　　　　。 여기라면 뭐든지　있겠지요　.

❷ 寒<small>さむ</small>い 日<small>ひ</small>は 近<small>ちか</small>くの 店<small>みせ</small>に　　　　　　。

추운 날은 근처 가게에　가겠지요　.

❸ 天気<small>てんき</small>のいい 日<small>ひ</small>は 外<small>そと</small>に　　　　　　。

날씨 좋은 날은 밖에　나가겠지요　.

예 する 하다

→ 検索<small>けんさく</small><u>して</u>、 行<small>い</small>きます。 검색해서, 가요.

❹ お弁当<small>べんとう</small>を　　　　　、 行<small>い</small>きます。 도시락을　사서　, 가요.

❺ 列<small>れつ</small>に　　　　、 食<small>た</small>べます。 줄을　서서　, 먹어요.

❻ 外<small>そと</small>に　　　、 決<small>き</small>めます。 밖에　나가서　, 정해요.

정답 ❶ あるでしょう　❷ いくでしょう　❸ でるでしょう
❹ かって　❺ ならんで　❻ でて

ノー ざんぎょう デー

야근 없는 날

① 과거 過去

② 현재 現在

③ 야근 残業

④ 야근 없는 날
　　ノー残業デー

열정 페이 야근
サービス残業

정시 퇴근 定時退社

경비 経費

귀가 帰宅

오늘의 표현

야근비를 받다 残業代を もらう ｜ 야근 수당을 지불하다 残業手当を 払う

열정 페이로 야근시키다 サービス残業を させる ｜ 야근 식사비 残業の 食事代

경비로 처리하다 経費で 落とせる ｜ 우리 아이 うちの 子

깨어 있는 동안에 起きて いる 間に ｜ 곧장 귀가하다 まっすぐ 帰宅する

정시에 퇴근하다 定時退社 する / 定時に 上がる

집에 가는 길에 딴 길로 새다 帰りに 寄り道する

저녁밥을 겸해서 晩ご飯がてら ｜ 가끔은 마시러 간다 たまには 飲みに 行く

🎤 **부분에 알맞은 단어를 넣어 말해 보세요.**

예 **ばんごはん** 저녁밥

→ ばんごはんがてら 飲み会。 저녁 겸 회식.

1 ＿＿＿＿＿ がてら 飲み会。 환영회 겸 회식.

2 ＿＿＿＿＿ がてら 見送り。 산책 겸 배웅.

3 ＿＿＿＿＿ がてら タバコ一服。 휴식 겸 담배 한 대.

예 **ジム** 헬스클럽

→ 帰りに ジムへ 立ち寄ります。
집에 가는 길에 헬스클럽에 들러요.

4 帰りに ＿＿＿＿＿ へ 立ち寄ります。

집에 가는 길에 편의점 에 들러요.

5 帰りに ＿＿＿＿＿ へ 立ち寄ります。

집에 가는 길에 슈퍼마켓 에 들러요.

6 帰りに ＿＿＿＿＿ へ 立ち寄ります。

집에 가는 길에 빵집 에 들러요.

7 帰りに ＿＿＿＿＿ へ 立ち寄ります。

집에 가는 길에 서점 에 들러요.

정답 1 かんげいかい 2 さんぽ 3 きゅうけい
4 コンビニ 5 スーパー 6 パンや 7 ほんや

Day 30

サービス ざんぎょう

열정 페이 야근

① 과거의 일본 회사는 거의 매일 ② 야근이었어요. ③ 야근 수당을 지불하는 회사도 있고, ④ 열정 페이로 야근하게 하는 회사도 있었어요. ⑤ 야근 식사비를 ⑥ 경비로 처리하지 않는 곳도 있었어요. "가끔은 ⑦ 우리 아이가 ⑧ 깨어있는 동안에 돌아가고 싶네"라고 생각했어요. ⑨ 현재의 회사는 ⑩ 정시에 퇴근하는 날이 많아졌어요. ⑪ 야근 없는 날은 ⑫ 곧장 귀가하는 사람도 있고, ⑬ 집에 가는 길에 딴 길로 새는 사람도 있어요. 가끔은 팀 멤버들과 함께 ⑭ 저녁 겸 ⑮ 마시러 가기도 해요.

① 過去、日本の 会社は ほぼ 毎日 ② 残業でした。③ 残業手当を 払う 会社も あるし、④ サービス残業を させる 会社も ありました。⑤ 残業の 食事代を ⑥ 経費で 落とせない 所も ありました。「たまには ⑦ うちの 子が ⑧ 起きて いる 間に 帰りたいな」と 思いました。⑨ 現在の 会社は ⑩ 定時に 上がる 日が 多く なりました。⑪ ノー残業デーは ⑫ まっすぐ 帰宅する 人も いるし、⑬ 帰りに 寄り道する 人も います。たまには チームメンバーと 一緒に ⑭ 晩ご飯がてら ⑮ 飲みに 行ったりも します。

😊 몰랐어요!

일본어로 '退勤'의 의미는?

• 退勤 일을 마침 • 退社 회사를 나감 • 退職 퇴사, 퇴직

예 6시에 회사를 나가서 거래처로 가다 ➜ 6時に 退社

8시에 거래처에서 일을 마친 후 바로 귀가 ➜ 8時に 退勤

이번 4월에 회사를 그만두다 ➜ 4月に 退職

예 **おきる** 일어나다, 눈을 뜨다

→ うちの 子が おきて いる 間に 帰りたいな。

우리 아이가 깨어 있는 동안에 돌아가고 싶네.

1 あなたが ＿＿＿＿＿ 間に。 당신이 잠든 사이에.

2 家に ＿＿＿＿＿ 間に チェック できます。

집에 돌아가 있는 동안에 확인할 수 있어요.

3 晩ご飯を ＿＿＿＿＿ 間に 連絡が 来ました。

저녁밥을 먹고 있는 사이에 연락이 왔어요.

예 **する** 하다

→ 残業を する 会社も あるし、 しない 会社も

ある。 야근을 하는 회사도 있고, 하지 않는 회사도 있다.

4 手当を ＿＿＿＿＿ 会社も あるし、 ＿＿＿＿＿ 会社も

ある。 수당을 지불하는 회사도 있고, 지불하지 않는 회사도 있다.

5 まっすぐ ＿＿＿＿＿ 人も いるし、 ＿＿＿＿＿ 人も

いる。 곧장 귀가하는 사람도 있고, 귀가하지 않는 사람도 있다.

6 経費で ＿＿＿＿＿ 所も あるし、 ＿＿＿＿＿ 所も

ある。 경비로 처리하는 곳도 있고, 처리하지 않는 곳도 있다.

정답 ❶ ねむって いる ❷ かえって いる ❸ たべて いる
❹ はらう / はらわない ❺ きたく する / きたく しない ❻ おとせる / おとせない

안에 알맞은 표현을 넣어 보세요.

1 출석이 부족해.

　　　　　　が 足りない。

2 시험을 열심히 하면, 가능해요.

試験を　　　　　　、できます。

3 중요한 사전 회의예요.

重要な　　　　　　です。

4 커피를 마시면서, 해요.

コーヒーを　　　　　　、します。

5 연결하겠습니다.

　　　　　　いたします。

6 지금 자리를 비우고 없습니다.

只今　　　　　　おります。

7 여자들끼리 단골집에서 먹어요.

女子だけで　　　　　　で 食べます。

8 당연히 괜찮을 때도 별로일 때도 있겠지요.

もちろん 当たり外れは　　　　　　。

9 집에 가는 길에 편의점에 들러요.

帰りに　　　　　　へ 立ち寄ります。

10 우리 아이가 깨어 있는 동안에 돌아가고 싶네.

うちの 子が　　　　　　間に 帰りたいな。

정답

1 しゅっせき **2** がんばれば **3** うちあわせ **4** のみながら **5** おつなぎ
6 せきを はずして **7** いきつけの みせ **8** あるでしょう **9** コンビニ **10** おきて いる

노동 개혁 정책

働き方 改革
はたら かた かい かく

일본은 2008년을 피크로 인구가 계속 감소하고 있어요. 이는 노동력 감소로 이어
졌어요.
저출산 고령화 사회(少子高齢化社会), 노동력 부족(労働力不足)을 타파하기
위해, 2018년 통과된 '働き方改革(노동 개혁)' 정책은 크게 3가지인데요.

1 **다양한 근무 형태의 실현**
"일하고 싶어요! 그런데 가족을 간호해야 해요." "그런데 아이가 있어요."
➡ 시간적·공간적 제약에서 벗어나 재택근무, 유연한 근무시간의 선택 등으로 일하고
  싶어도 할 수 없었던 노동력의 확대.

2 **정규직·비정규직의 불평등한 대우 근절**
"아무리 열심히 일해도 정규직처럼 성과도 인정해주지 않고, 월급도 적어요!"
➡ 약 40%의 비정규직(2018년 일본 총무성 통계) 노동자들의 불평등한 처우를 근절하고
  정규직으로 전환 추진.

3 **장시간 노동 규제**
"매일 야근 때문에 너무 피곤해. 오늘은 정시에 퇴근해보고 싶다!"
➡ 장시간의 노동으로 인한 과로사나 자살 등의 방지를 위해 야근은 월 45시간, 연
  360시간을 원칙으로 함.
＊ 대기업은 '2019년 4월 1일부터', 중소기업은 '2020년 4월 1일부터' 시행

ねる まえに おふろ

자기 전에 목욕

클렌징 メイク落とし

입욕제 入浴剤

❶ 욕조 浴槽 / 湯船

❷ 수도 꼭지 蛇口 / カラン

❸ 뜨거운 물 お湯

❹ 찬물 お水

너무 뜨겁다 熱すぎる

너무 미지근하다
ぬるすぎる

샴푸 シャンプー

바디샴푸 ボディーソープ

오늘의 표현

화장을 지우다 化粧を 落とす | 잘 안 지워지다 なかなか 落ちない

(물을) 잠그다 止める / 閉める | (물을) 틀다 出す / 開ける

목욕하다 お風呂に 入る / 入浴する | 목욕물을 데우다 お風呂を 沸かす

입욕제를 넣다 入浴剤を 入れる | 몸이 풀리다 体が ほぐれる

살 것 같다 生き返る | 몸(의 물기)을 닦다 体を 拭く | 목욕 후에는 風呂上りには

🎙️ **부분에 알맞은 단어를 넣어 말해 보세요.**

예 ビール 맥주

→ 風呂上がりには いつも ビール。 목욕 후에는 항상 맥주.

① 風呂上がりには いつも　　　　　　　　　　　　。

목욕 후에는 항상　딸기우유　.

② 風呂上がりには いつも　　　　　　　　　。목욕 후에는 항상　스트레칭　.

③ 風呂上がりには いつも　　　　　　　　　。목욕 후에는 항상　피부관리　.

예 からだ 몸

→ からだが ほぐれるまで、入浴します。
몸이 풀릴 때까지, 목욕해요.

④ 　　　　　　 が ほぐれるまで、マッサージ します。

근육　이 풀릴 때까지, 마사지해요.

⑤ 　　　　　　 が ほぐれるまで、体操を します。

몸　이 풀릴 때까지, 체조를 해요.

⑥ 　　　　　　 が ほぐれるまで、待ちます。

마음　이 풀릴 때까지, 기다려요.

정답　① イチゴ ぎゅうにゅう　② ストレッチ　③ スキンケア
④ きんにく　⑤ からだ　⑥ きもち

ふろあがりには ビール

목욕 후에는 맥주

집에 돌아오면, 먼저 ① 화장을 지워요. 눈 화장은 ② 잘 안 지워져서, 다른 ③ 클렌징을 사용해요.
오늘같이 피곤한 날은 ④ 몸이 풀릴 때까지, 느긋하게 ⑤ 목욕을 하는 것이 최고예요. 요즘 푹 빠져 있는
⑥ 입욕제도 넣을 거예요.
⑦ 목욕물을 데워요. 너무 뜨겁네! 약간 ⑧ 찬물을 틀어요.
아~, ⑨ 살 것 같다~! ⑩ 목욕 후에는 항상 맥주를 마셔요.

家に 帰ったら、先に ① 化粧を 落とします。アイメイクは ② なかなか 落ちないから、別
の ③ メイク落としを 使います。
今日みたいに 疲れた 日は ④ 体が ほぐれるまで、のんびり ⑤ 入浴するのが 一番です。
最近 ハマって いる ⑥ 入浴剤も 入れます。
⑦ お風呂を 沸かします。熱すぎる！ 少し ⑧ お水を 出します。
あー、⑨ 生き返る～！ ⑩ 風呂上がりには いつも ビールを 飲みます。

😀 몰랐어요!

일본어로 '목욕탕'의 표현은?

- お風呂 가정집 목욕탕
- 銭湯 대중 목욕탕

- 예 お風呂に 入る 목욕을 하다
- 예 銭湯に 行く 목욕 가다

🎙️ **부분에 알맞은 단어를 넣어 말해 보세요.**

예 **おちる** 지워지다

→ なかなか メイクが <u>おちない</u>から。
좀처럼 화장이 안 지워져서.

1 なかなか お水を [　　　　　]。 좀처럼 찬물을 틀지 않아서 .
　　　　　　　　_{みず}

2 なかなか お湯を [　　　　　]。
　　　　　　　　_ゆ

좀처럼 뜨거운 물을 잠그지 않아서 .

3 なかなか お風呂に [　　　　　]。
　　　　　　　　_{ふ ろ}

좀처럼 목욕을 하지 않아서 .

예 **つかれる** 피곤하다

→ 今日みたいに <u>つかれた</u> 日。 오늘같이 피곤한 날.
　_{きょう}　　　　　　　　_ひ

4 今日みたいに [　　　　] 日。 오늘같이 추웠던 날.
　　_{きょう}　　　　　　　_ひ

5 今日みたいに [　　　　] 日。 오늘같이 바빴던 날.
　　_{きょう}　　　　　　　_ひ

6 今日みたいに [　　　　] 日。 오늘같이 늦게 일어난 날.
　　_{きょう}　　　　　　　_ひ

정답　❶ ださないから　❷ とめないから　❸ はいらないから
　　　❹ さむかった　❺ いそがしかった　❻ おそく おきた

じゅくすい

숙면

좋은 꿈 いい 夢（ゆめ）

이상한 꿈 嫌（いや）な 夢（ゆめ）

코골이 いびき

잠꼬대 寝言（ねごと）

자장가 子守歌（こもりうた）

꾸벅꾸벅(졸음) うとうと

오늘의 표현

자요, 자렴 寝（ね）なさい ｜ 밤늦도록 깨어 있다 夜（よ）ふかしする

푹 잠들다 ぐっすり 眠（ねむ）る ｜ 숙면을 취하다 熟睡（じゅくすい）する

쉽게 잠들다 寝付（ねつ）きが いい ｜ 쉽게 잠들지 못하다 寝付（ねつ）きが 悪（わる）い

아이를 재우다 子供（こども）を 寝（ね）かし付（つ）ける ｜ 졸다 うとうとする / 居眠（いねむ）りする

코를 골다 いびきを かく ｜ 이를 갈다 歯（は）ぎしりを する

잠꼬대를 하다 寝言（ねごと）を 言（い）う ｜ 눈이 떠지다(잠이 깨다) 目（め）が 覚（さ）める

잘 자요 お休（やす）みなさい ｜ 좋은 꿈을 꾸다 いい夢（ゆめ）を 見（み）る

부분에 알맞은 단어를 넣어 말해 보세요.

예 **いい** 좋은

→ <u>いい</u> 夢を 見ました。 좋은 꿈을 꾸었어요.

1 ⬜⬜⬜ 夢を 見ました。 나쁜 꿈을 꾸었어요.

2 ⬜⬜⬜ 夢を 見ました。 무서운 꿈을 꾸었어요.

3 ⬜⬜⬜ 夢を 見ました。 이상한 꿈을 꾸었어요.

4 ⬜⬜⬜ 夢を 見ました。 후지산 꿈을 꾸었어요.

예 **どくしょ** 독서

→ <u>どくしょ</u>で 夜ふかしは ダメよ。 밤늦도록 <u>독서</u>하는 건 안 돼.

5 ⬜⬜⬜ で 夜ふかしは ダメよ。 밤늦도록 공부 하는 건 안 돼.

6 ⬜⬜⬜ で 夜ふかしは ダメよ。 밤늦도록 영화 보는 건 안 돼.

7 ⬜⬜⬜ で 夜ふかしは ダメよ。 밤늦도록 게임 하는 건 안 돼.

8 ⬜⬜⬜ で 夜ふかしは ダメよ。 밤늦도록 카드게임 하는 건 안 돼.

정답
1 わるい　**2** こわい　**3** いやな　**4** ふじさんの
5 べんきょう　**6** えいが　**7** ゲーム　**8** トランプ

Day 34

こもりうた

자장가

벌써 시간이 이렇게 됐네. 빨리 ① 자렴. ② 밤늦도록 깨어 있는 건 안 돼. ③ 자장가를 부르면서,
④ 아이를 재워요. 이 아이들은 정말로 ⑤ 쉽게 잠들어요.
나는 항상 ⑥ 쉽게 잠이 들지 않아서, 힘들어요. 옆에서 ⑦ 코를 골거나, ⑧ 이를 갈거나 하면, 바로
⑨ 잠이 깨버려요.
하지만, 오늘은 피곤해서, ⑩ 숙면할 수 있을 것 같아요.
⑪ 잘 자요. ⑫ 좋은 꿈 꿔.

もう こんな 時間。早く ① 寝なさい。② 夜ふかしは ダメ(だ)よ。③ 子守歌を 歌いなが
ら、④ 子供を 寝かし付けます。この 子たちは 本当に ⑤ 寝付きが いいです。
私は いつも ⑥ 寝付きが 悪くて、辛いです。隣で ⑦ いびきを かいたり、⑧ 歯ぎしりを し
たり すると、すぐ ⑨ 目が 覚めちゃいます。
でも、今日は 疲れて、⑩ 熟睡 できそうです。
⑪ お休みなさい。⑫ いい 夢見てね。

😀 몰랐어요!

일본어로 '자다'의 표현은?

• 横に なる 드러눕다

• 寝る 눕다, 자다

• 寝付く 잠들다 (잠에 들어가기 시작하다)

• 眠る 잠들다 (깊은 잠에 들어가다)

🎙️ 부분에 알맞은 단어를 넣어 말해 보세요.

예 ねる 자다 … ねます 잡니다

➡️ 早^{はや}く ねなさい。 빨리 자렴.

❶ 早^{はや}く _____ 。 빨리 노래하렴 .

❷ しっかり _____ 。 제대로 먹으렴 .

❸ いい 夢^{ゆめ} _____ 。 좋은 꿈 꾸렴 .

예 いびきを かく 코를 골다

➡️ 隣^{となり}で いびきを かくと、 目^めが 覚^さめちゃいます。
옆에서 코를 골면, 잠이 깨버려요.

❹ 隣^{となり}で _____ 、 目^めが 覚^さめちゃいます。

옆에서 잠꼬대를 하면 , 잠이 깨버려요.

❺ 隣^{となり}で _____ 、 目^めが 覚^さめちゃいます。

옆에서 이를 갈면 , 잠이 깨버려요.

❻ 悪^{わる}い _____ 、 目^めが 覚^さめちゃいます。

나쁜 꿈을 꾸면 , 잠이 깨버려요.

정답
❶ うたいなさい ❷ たべなさい ❸ みなさい
❹ ねごとを いうと ❺ はぎしりを すると ❻ ゆめを みると

Day 35

テレビ

TV

❶ TV テレビ

벽걸이 TV
壁掛けテレビ

❷ TV장 テレビ台

❸ 리모컨 リモコン

❹ 연애 드라마
恋愛ドラマ

사극 時代劇

TV채널
テレビ チャンネル

TV프로 テレビ番組

오늘의 표현

집에서 편히 쉬다 家で くつろぐ | 보고 싶은 TV프로 見たい 番組

특별히 ~인 것은 아니다 特に ～わけじゃない | TV를 켜다 テレビを つける

TV를 끄다 テレビを 消す | 계속 켜 둔 채 つけっ放し

리모컨 쟁탈전을 벌이다 チャンネル争いを する | 채널을 돌리다 チャンネルを 変える

매주 빠짐없이 보다 毎週 欠かさず 見る | 싸움이 나다 けんかに なる

기억이 있다 覚えが ある | 드라마를 놓치다 ドラマを 見逃す

🎤 부분에 알맞은 단어를 넣어 말해 보세요.

예 **じだいげき** 사극

➡ <u>じだいげき</u>が 見たい！<u>사극</u>이 보고 싶어!

① ＿＿＿＿＿＿＿＿が 見たい！ 퀴즈 프로 가 보고 싶어!

② ＿＿＿＿＿が 見たい！ 뉴스 가 보고 싶어!

③ ＿＿＿＿＿＿＿＿＿が 見たい！ 예능 프로 가 보고 싶어!

④ ＿＿＿＿＿＿＿が 見たい！ 재방송 이 보고 싶어!

예 **ドラマ** 드라마

➡ <u>ドラマ</u>を 見逃した。<u>드라마</u>를 못 보고 놓쳤어.

⑤ ＿＿＿＿＿を 見逃した。 자막 을 못 보고 놓쳤어.

⑥ ＿＿＿＿＿＿を 見逃した。 마지막 회 를 못 보고 놓쳤어.

⑦ ＿＿＿＿＿＿を 見逃した。 전람회 를 못 보고 놓쳤어.

 정답 ❶ クイズ ばんぐみ ❷ ニュース ❸ バラエティー ばんぐみ ❹ さいほうそう
❺ じまく ❻ さいしゅうわ ❼ てんらんかい

チャンネル あらそい

리모컨 쟁탈전

주말에는 TV를 보면서, ① 집에서 편히 쉬어요. ② 특별히 보고 싶은 프로가 있는 것은 아니지만,
무심결에 ③ TV를 켜버려요. 가끔 TV를 ④ 계속 켜 둔 채로, 잘 때도 있어요.
옛날에는 형제끼리 ⑤ 리모컨 쟁탈전을 벌였어요. 나는 옛날에, ⑥ 연애 드라마를 엄청 좋아해서, ⑦ 매주
빠짐없이 봤어요. 연애 드라마를 보고 있으면, 옆에서 남동생이 ⑧ 사극이 보고 싶어! 보고 싶어!라고
시끄럽게 해서, ⑨ 싸움이 났던 ⑩ 기억이 있어요.

しゅうまつ
週末は テレビを 見ながら、① 家で くつろぎます。② 特に 見たい 番組が あるわけじゃ
ないけど、つい ③ テレビを つけちゃいます。たまに テレビを ④ つけっ放しで、寝る 時も
あります。
むかし きょうだい
昔は 兄弟で ⑤ チャンネル 争いを してました。私は 昔、⑥ 恋愛ドラマが 大好きで、
まいしゅう か
⑦ 毎週 欠かさず 見てました。恋愛ドラマを 見てたら、隣で 弟が ⑧ 時代劇が 見た
み
い! 見たい!と うるさくて、⑨ けんかに なった ⑩ 覚えが あります。

😊 몰랐어요!

일본어로 'ドラマ' 표현은?

- 医療ドラマ 의학 드라마
- 恋愛ドラマ 연애 드라마
- 連ドラ 연속극 (連続ドラマ의 준말)
- 月9 후지TV에서 월요일 오후 9시 골든 타임에 방송되는 드라마
- 政治ドラマ 정치 드라마
- あり得ない展開 막장
- 朝の連ドラ 아침 연속극

🎤 　　　　　부분에 알맞은 단어를 넣어 말해 보세요.

（예） **つける** 켜다 ··· **つけます** 켭니다

➜ テレビ！ <u>つけっぱなし</u>です。 TV! <u>계속 켜 둔 채</u>로 있어요.

❶ エアコン！　　　　　　　です。

에어컨! 계속 틀어놓은 채 로 있어요.

❷ ドア！　　　　　　　　です。 문! 계속 열린 채 로 있어요.

❸ 水！　　　　　　です。 물! 계속 틀어놓은 채 로 있어요.

（예） **みる** 보다 ··· **みて** 보고

➜ 毎週 欠かさず 連ドラを <u>みてました</u>。
매주 빠짐없이 연속극을 <u>봤어요</u>.

❹ 毎日 欠かさず テレビを　　　　　　　。

매일 빠짐없이 TV를 켰어요 .

❺ 毎日 欠かさず 野菜を　　　　　　　。

매일 빠짐없이 채소를 먹었어요 .

❻ 毎日 欠かさず 日記を　　　　　　　。

매일 빠짐없이 일기를 썼어요 .

정답
❶ つけっぱなし　❷ あけっぱなし　❸ だしっぱなし
❹ つけてました　❺ たべてました　❻ かいてました

Day 37

えいがかん

영화관

영화관 映画館(えいがかん)

상영 중 上映中(じょうえいちゅう)

절찬리 상영 중
大ヒット上映中(だいヒットじょうえいちゅう)

① 상영시간표
上映スケジュール(じょうえい)

15세 이상 15歳以上(さいいじょう)

미성년자 관람불가
未成年者 観覧不可(みせいねんしゃ かんらんふか)

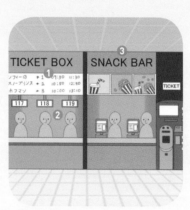

② 매표소
チケット売り場(うば)

여성할인 데이
レディースデー

무료 티켓
ただ券(けん) / 無料券(むりょうけん)

G열 3번 G列3番(れつばん)

③ 매점 売店(ばいてん)

예고편 予告編(よこくへん)

오늘의 표현

영화를 보러 가다 映画(えいが)を 見(み)に 行(い)く ｜ 상영 안 하다 上映(じょうえい)してない

좌석을 고르다 席(せき)を 選(えら)ぶ ｜ 팝콘을 사다 ポップコーンを 買(か)う

기대하고 있었는데 楽(たの)しみに してたのに ｜ 리뷰나 줄거리 レビューとか あらすじ

~하는 주의(~하는 스타일) ~主義(しゅぎ) ｜ 스포가 포함되어 있다 ネタバレが 含(ふく)まれている

개봉되다 公開(こうかい)される ｜ 어른용 애니메이션 大人向(おとなむ)けの アニメ

~감독의 최신작 ~監督(かんとく)の 最新作(さいしんさく) ｜ 500엔 할인 500円割引(えんわりびき)

🎤 　　　　**부분에 알맞은 단어를 넣어 말해 보세요.**

예 **ネタバレ** 스포

➡ **ネタバレ**が 含^{ふく}まれてます。 스포가 포함되어 있어요.

❶ 　　　　が 含^{ふく}まれてます。 리뷰 가 포함되어 있어요.

❷ 　　　　が 含^{ふく}まれてます。 예고 가 포함되어 있어요.

❸ 　　　　が 含^{ふく}まれてます。 줄거리 가 포함되어 있어요.

❹ 　　　　が 含^{ふく}まれてます。 감상 이 포함되어 있어요.

예 **おとな** 어른

➡ **おとな**向^むけの アニメ。 어른용 애니메이션.

❺ 　　　向^むけの 映画^{えいが}。 가족 대상의 영화.

❻ 　　　　向^むけの 英語字幕^{えいごじまく}。 외국인 대상의 영어 자막.

❼ 　　　　向^むけの サービス。 여성 대상의 서비스.

❽ 　　　　向^むけの 音声^{おんせい}ガイド。 장애인 용 음성지원.

정답 ❶レビュー　❷よこく　❸あらすじ　❹かんそう
❺かぞく　❻がいこくじん　❼じょせい　❽しょうがいしゃ

ネタバレ きんし!

스포(주요 내용, 결말을 미리 알림) 금지!

어, 이 ① 영화관은 ② 상영 안 하는 거야? 계속 ③ 기대하고 있었는데.

그럼, ④ 상영 중인 영화에서는 어떤 것이 재미있을까~.

난, ⑤ 리뷰나 줄거리는 읽지 않는 ⑥ 스타일이에요. 감상에는 ⑦ 스포가 포함된 경우가 많기 때문이에요.

오늘부터 ⑧ 개봉되는 애니메이션으로 해야지. 이건 ⑨ 어른용 애니메이션으로, 미야자키 ⑩ 감독의

최신작이에요. 오늘은 ⑪ 레이디스 데이라서, 영화 티켓이 ⑫ 500엔 할인이에요.

えっ、この ① 映画館じゃ ② 上映 してないの? ずっと ③ 楽しみ にしてたのに。

じゃ、④ 上映中の 映画では どれが 面白いかな。

私、⑤ レビューとか あらすじは 読まない ⑥ 主義なんです。感想には ⑦ ネタバレが 含まれてる 場合が 多いからなんです。今日から ⑧ 公開される アニメに しよう。これは ⑨ 大人向けの アニメで、宮崎 ⑩ 監督の 最新作です。今日は ⑪ レディースデーだから、映画の チケットが ⑫ 500円割引です。

😊 몰랐어요!

일본어로 '감상' 표현은?

- 鑑賞 감상 (경치 또는 예술 작품을 즐기는 것)
- 感想 감상 (즐긴 후의 소감)

  예 내 취미는 음악감상과 영화감상이에요. ➡ 鑑賞

  예 영화를 본 후 감상을 말해주세요. ➡ 感想

예 **よむ** 읽다

➡ レビューは <u>よまない</u> 主義_{しゅ ぎ}なんです。

리뷰는 <u>읽지 않는</u> 스타일이에요.

① 映画_{えい が}は 一人_{ひとり}で 　　　　　　 主義_{しゅ ぎ}なんです。

영화는 혼자서 　보지 않는　 스타일이에요.

② 映画館_{えい が かん}では 何_{なに}も 　　　　　　 主義_{しゅ ぎ}なんです。

영화관에서는 아무것도 　먹지 않는　 스타일이에요.

③ 目的_{もくてき}の ためには 手段_{しゅ だん}を 　　　　　 主義_{しゅ ぎ}なんです。

목적을 위해서는 수단을 　가리지(고르지) 않는　 스타일이에요.

예 **する** 하다

➡ 今日_{きょう}から 公開_{こう かい}される アニメに <u>しよう</u>。

오늘부터 개봉되는 애니메이션으로 <u>해야지</u>.

④ ここで 上映_{じょうえい}される 映画_{えい が}を 　　　　　。

여기에서 상영되는 영화를 　봐야지　.

⑤ 予想_{よ そう}できる 味_{あじ}だけど、　　　　　　。 예상되는 맛이지만, 　먹어야지　.

⑥ 明日_{あした}から 開催_{かいさい}される 大会_{たいかい}に 　　　　　。

내일부터 개최되는 대회에 　나가야지　.

Day 39

コンサート

콘서트

공연장 公演会場

콘서트장 コンサート会場

현장구매 티켓 当日券

예매 前売り

매진 売り切れ

암표상 ダフ屋

❶ 스탠딩 석 アリーナ席

❷ 좌석 スタンド席

최신곡 最新曲

히트곡 ヒット曲

안무 振り付け

❸ 플래카드 応援ボード

오늘의 표현

두근두근하다 ドキドキ する ┃ 못 자다 眠れない ┃ 못 들어가다 入れない

~하면 어쩌지 ~たら、どうしよう ┃ 옛날 곡 昔の曲 ┃ 불렀으면 해 歌って ほしい

추억이 있다 思い出が ある ┃ 드디어 시작되다 いよいよ 始まる

노래를 흥얼거리다 歌を 口ずさむ ┃ 라이브를 즐기다 ライブを 楽しむ

눈이 마주치다 目が 合う ┃ 손을 흔들다 手を 振る ┃ 이어지다, 연결되다 つながる

🎤 부분에 알맞은 단어를 넣어 말해 보세요.

예 ライブ 라이브 (콘서트)

→ いよいよ <u>ライブ</u>が 始まります。 드디어 라이브가 시작돼요.

❶ いよいよ ＿＿＿＿＿ が 始まります。

드디어 팬 사인회 가 시작돼요.

❷ いよいよ ＿＿＿＿＿＿＿＿＿＿ が 始まります。

드디어 팬 미팅 이 시작돼요.

❸ いよいよ ＿＿＿＿＿＿＿ が 始まります。

드디어 전국투어 가 시작돼요.

예 ドキドキ 두근두근

→ <u>ドキドキ</u> しすぎて、 眠れなかったんです。
너무 <u>두근두근</u>해서, 못 잤어요.

❹ ＿＿＿＿ しすぎて、 眠れなかったんです。

너무 감동 해서, 못 잤어요.

❺ ＿＿＿＿ しすぎて、 眠れなかったんです。

너무 긴장 해서, 못 잤어요.

❻ ＿＿＿＿＿ しすぎて、 眠れなかったんです。

너무 집중 해서, 못 잤어요.

정답
❶ サインかい　❷ ファンミーティング　❸ ぜんこくツアー
❹ かんどう　❺ きんちょう　❻ しゅうちゅう

Day 40

うたと ふりつけ

노래와 안무

어제는 너무 ① 두근두근해서, ② 못 잤어요. 만약에, ③ 콘서트장에 ④ 못 들어가면, 어쩌지.
⑤ 옛날 곡도 많이 ⑥ 불러주면 좋겠어요. 모든 노래와 ⑦ 안무에는 많은 ⑧ 추억이 있어요.
⑨ 드디어 콘서트가 시작돼요. ⑩ 노래를 흥얼거리면서, ⑪ 라이브를 즐기고 있어요.
지금, 나랑 ⑫ 눈이 마주쳤어요. 나한테 ⑬ 손을 흔들고 있어요. 아! 우리 ⑭ 통했어!

昨日は ① ドキドキ しすぎて、② 眠れなかったんです。もし、③ コンサート会場に ④ 入
れなかったら、どうしよう。⑤ 昔の 曲も たくさん ⑥ 歌って ほしいです。すべての 歌と
⑦ 振り付けには たくさんの ⑧ 思い出が あります。
⑨ いよいよ コンサートが 始まります。⑩ 歌を 口ずさみながら、⑪ ライブを 楽しんでます。
今、私と ⑫ 目が 合いました。私に ⑬ 手を 振ってます。あ！ 私たち、⑭ つながった！

몰랐어요!

'大ファン(열렬 팬)'이 콘서트에 가지고 갈 물건은?

- ペンライト 야광봉
- 応援ボード 플래카드
- うちわ 부채
- フラッグ 깃발
- ツアーTシャツ 전국투어 T셔츠
- お土産 선물
- 双眼鏡 망원경
- 買った グッズを 入れる バッグ 산 굿즈를 넣을 백

🎙 　　　 부분에 알맞은 단어를 넣어 말해 보세요.

예 **うたう** 노래하다, 부르다

➔ たくさん うたって ほしいです。 많이 불렀으면 해요.

① たくさん 　　　　　 ほしいです。 많이 춤췄으면 해요.

② 早_{はや}く 　　　　　 ほしいです。 빨리 시작되었으면 해요.

③ 手_てを 　　　　　 ほしいです。 손을 흔들어 줬으면 해요.

④ 存分_{ぞんぶん}に 　　　　　 ほしいです。 마음껏 즐겨 줬으면 해요.

예 **はいる** 들어가다 ⋯ **はいれない** 못 들어가다

➔ 中_{なか}に はいれなかったら、 どうしよう。
안에 못 들어가면, 어쩌지.

⑤ 今夜_{こんや}も 　　　　　　　、 どうしよう。

오늘 밤도 못 자면 , 어쩌지.

⑥ 一人_{ひとり}だけ 　　　　　　、 どうしよう。

혼자서만 못 즐기면 , 어쩌지.

⑦ 最後_{さいご}まで 　　　　　　、 どうしよう。

끝까지 못 부르면 , 어쩌지.

정답 ❶ おどって　❷ はじまって　❸ ふって　❹ たのしんで
❺ ねむれなかったら　❻ たのしめなかったら　❼ うたえなかったら

안에 알맞은 표현을 넣어 보세요.

1 근육이 풀릴 때까지, 마사지해요.

　　　　　 が ほぐれるまで、 マッサージ します。

2 오늘같이 피곤한 날.

今日_{きょう}みたいに 　　　　　日_ひ。

3 좋은 꿈을 꾸었어요.

　　　 夢_{ゆめ}を 見_みました。

4 옆에서 코를 골면, 잠이 깨버려요.

隣_{となり}で 　　　　　　　　、 目_めが 覚_さめちゃいます。

5 드라마를 못 보고 놓쳤어.

ドラマを 　　　　　　　。

6 매일 빠짐없이 채소를 먹었어요.

毎日_{まいにち} 　　　　　　　野菜_{やさい}を 食_たべてました。

7 스포가 포함되어 있어요.

　　　　　 が 含_{ふく}まれてます。

8 리뷰는 읽지 않는 스타일이에요.

レビューは 読_よまない 　　　　　 なんです。

9 너무 두근두근해서, 못 잤어요.

　　　　　 しすぎて、 眠_{ねむ}れなかったんです。

10 많이 불렀으면 해요.

たくさん 　　　　　 ほしいです。

 정답 ❶ きんにく ❷ つかれた ❸ いい ❹ いびきを かくと ❺ みのがした
❻ かかさず ❼ ネタバレ ❽ しゅぎ ❾ ドキドキ ❿ うたって

女性　もう こんな 時間。今日は 昼ご飯、何が 食べたい?

男性　ごめん。僕は 自分の 席で お弁当に する。

女性　そうだ。明日 重要な プレゼンだったよね。準備は うまく いってる?

男性　今夜 残業すれば、明日の 打ち合わせまでには 何とか 間に 合いそう。

女性　大変そうだね。でも、明後日は 楽しみに していた コンサート だから、最後まで 頑張って。

男性　よし! 頑張ろう! 待ちに 待った ライブの 日まで、あと 二日だ。

女性　何か 手伝おうか。

男性　だと 助かる。この 資料の 作成、お願い。

여자　벌써 시간이 이렇게 됐네. 오늘은 점심, 뭐가 먹고 싶어?

남자　미안. 나는 내 자리에서 도시락으로 할게.

여자　맞다. 내일 중요한 프레젠테이션이었지. 준비는 잘 돼가?

남자　오늘 밤 야근하면, 내일 회의까지는 어떻게든 맞출 수 있을 것 같아.

여자　힘들겠다. 그래도, 모레는 기대하던 콘서트이니까, 마지막까지 힘내.

남자　아자! 힘내자! 기다리고 기다리던 라이브 날까지, 앞으로 2일.

여자　뭔가 도울까?

남자　그럼 고맙지(도움이 되지). 이 자료 작성, 부탁해.

どくしょ

독서

독서 読書

전자서적 電子書籍

❶ 그림책 絵本

❷ 소설 小説

❸ 가로쓰기 横書き

세로쓰기 縦書き

❹ 접은 부분 折り目

즐겨 읽는 책 愛読書

오늘의 표현

책을 읽다 本を 読む | 책장을 넘기다 ページを めくる

가볍게 읽을 수 있다 気軽に 読める | 중요할지도 (몰라) 重要かも

웃음이 멈추질 않다 笑いが 止まらない | 선을 긋다 線を 引く

(항상) ~하기로 하고 있다 ~ことに している | 노트에 옮겨 적다 ノートに 写す

사람마다 제각각이다 人 それぞれだ | 책장 끝을 접다 ページの 角を 折る

있으면 있을수록 あれば あるほど | 자신에게 있어서 自分に とって

부분에 알맞은 단어를 넣어 말해 보세요.

(예) わらい 웃음

→ ここ <u>わらい</u>が 止_とまらない。 여기 <u>웃음</u>이 멈추질 않아.

❶ ここ ＿＿＿ が 止_とまらない。 여기　눈물　이 멈추질 않아.

❷ ＿＿＿ が 止_とまらない 日_ひです。 분노　가 멈추질 않는 날이에요.

❸ 本_{ほん}の ページを めくる ＿＿＿ が 止_とまらない。

책장을 넘기는　손　이 멈추질 않아.

❹ 一度_{いちど} 食_たべたら ＿＿＿ が 止_とまらない。 한번 먹으면　손　이 멈추질 않아.

(예) よみかた 읽는 법

→ よみかたは 人_{ひと} それぞれだと 思_{おも}います。

<u>읽는 법</u>은 사람마다 제각각이라고 생각해요.

❺ ＿＿＿ は 人_{ひと} それぞれだと 思_{おも}います。

사고방식　은 사람마다 제각각이라고 생각해요.

❻ ＿＿＿ は 人_{ひと} それぞれだと 思_{おも}います。

웃음 포인트　는 사람마다 제각각이라고 생각해요.

❼ ＿＿＿ は 人_{ひと} それぞれだと 思_{おも}います。

고민　은 사람마다 제각각이라고 생각해요.

정답 ❶なみだ　❷いかり　❸て　❹て
❺かんがえかた　❻わらいの ツボ　❼なやみ

ページの
かどを おる

책장 끝을 접다

여러분은 ① 책을 읽으면서, 우와~ 여기 ② 웃음이 멈추질 않아. 체크해야지! 여기 ③ 중요할지도! 라고 생각했을 때에 어떻게 하나요? ④ 항상 선을 긋고 있나요? ⑤ 항상 자신의 노트에 옮겨 적고 있나요? ⑥ 사람마다 제각각이라고 생각하지만, 저는 ⑦ 항상 책장 끝을 접고 있어요. ⑧ 접은 부분이 많이 ⑨ 있으면 있을수록, ⑩ 자신에게 있어서 가장 좋은 책이라고 생각해요.

みなさんは ①本を 読みながら、うわーっ ここ ②笑いが 止まらない。チェックしなきゃ! ここ ③重要かも! と 思った 時に どうしますか。④線を 引く ことに して いますか。 ⑤自分の ノートに 写す ことに して いますか。⑥人 それぞれだと 思いますが、私は ⑦ページの 角を 折る ことに して います。⑧折り目が たくさん ⑨あれば あるほど、 ⑩自分に とって 一番 いい 本だと 思います。

😊 몰랐어요!

`本の ある 所`(책이 있는 곳)은?

- **本屋** 책방 / **書店** 서점 ➡ **購入や 取り寄せ できます。** 구입이나 주문 가능해요.
- **図書館** 도서관 ➡ **本の 貸し出しや 返却 できます。** 책의 대여와 반납 가능해요.
- **古本屋** 중고 책방 ➡ **古本を 買取して くれます。** 헌책을 매입해 줘요.
- **まんが喫茶** 만화방 ➡ **まんがが 読み放題です。** 만화를 무제한 읽을 수 있어요.
- **コンビニ** 편의점 ➡ **立ち読み できます。** 서서 읽을 수 있어요.

예 **ひく** 긋다

→ <ruby>下<rt>した</rt></ruby>に <ruby>線<rt>せん</rt></ruby>を ひく ことに して います。

항상 아래에 선을 <u>긋기</u>로 하고 있어요.

❶ <ruby>自分<rt>じ ぶん</rt></ruby>の ノートに ⬚⬚⬚ ことに して います。

항상 내 노트에 옮겨 적기 로 하고 있어요.

❷ ページの <ruby>角<rt>かど</rt></ruby>を ⬚⬚⬚ ことに して います。

항상 책장 끝을 접기 로 하고 있어요.

❸ <ruby>大<rt>おお</rt></ruby>きい <ruby>声<rt>こえ</rt></ruby>で ⬚⬚⬚ ことに して います。

항상 큰소리로 반복해서 읽기 로 하고 있어요.

예 **ある** 있다

→ たくさん <u>あれば</u> あるほど いい。 많이 <u>있으면</u> 있을수록 좋아.

❹ たくさん ⬚⬚⬚ <ruby>読<rt>よ</rt></ruby>むほど いい。 많이 읽으면 읽을수록 좋아.

❺ たくさん ⬚⬚⬚ めくるほど いい。

많이 넘기면 넘길수록 좋아.

❻ たくさん ⬚⬚⬚ するほど いい。 많이 하면 할수록 좋아.

 정답 **❶** うつす **❷** おる **❸** よみかえす
❹ よめば **❺** めくれば **❻** すれば

Day 43

えいかいわ

영어회화

일상회화 日常会話
독학 独学
청해 聞き取り
독해 読解
문법 文法

작문 作文
단어 単語
문장 文章
발음 発音
억양 イントネーション

오늘의 표현

~만 가능하면 된다 ~さえ できれば、いい ┃ 내 나름대로 自分なりに
열심히 해오다 頑張って くる ┃ 입 밖으로 나오다 口から 出て くる
읽으면 안다 読めば わかる ┃ 들어보다 聞いて みる
포기하고 싶어지다 あきらめたく なる ┃ 마음을 고쳐먹다 気を 取り直す
~에 다니기로 하다 ~に 通う ことに する ┃ 원어민다운 표현 ネイティブらしい 表現
반복해서 말하는 연습을 하다 繰り返し 話す 練習を する ┃ 따라 하다, 흉내 내다 マネする
원어민 같다 ネイティブ 並みだ ┃ ~라는 말을 듣기도 한다 ~と 言われたりも する

부분에 알맞은 단어를 넣어 말해 보세요.

예 **にちじょうかいわ** 일상회화

→ <u>にちじょうかいわ</u>さえ できれば、 いい。
일상회화만 가능하면 된다.

① ____ さえ できれば、 いい。 독해 만 가능하면, 된다.

② ____ さえ できれば、 いい。 청해 만 가능하면, 된다.

③ ____ さえ できれば、 いい。 작문 만 가능하면, 된다.

④ _____ さえ できれば、 いい。

원어민다운 표현 만 가능하면, 된다.

예 **じぶん** 나, 자신

→ <u>じぶん</u>なりに、 頑張って きた。
내 나름대로, 열심히 해왔다.

⑤ ____ なりに、 頑張って きた。 아이 나름대로, 열심히 해왔다.

⑥ ____ なりに、 考えて みた。 내 나름대로, 생각해 봤다.

⑦ ____ なりに、 理由が ある。 싼 나름대로, 이유가 있다.

⑧ ____ なりに、 理由が ある。 비싼 나름대로, 이유가 있다.

---

 ① どっかい **②** ききとり **③** さくぶん **④** ネイティブらしい ひょうげん
⑤ こども **⑥** じぶん **⑦** やすい **⑧** たかい

くりかえし れんしゅう

반복 연습

간단한 ① 일상회화만 가능하면 된다고 생각해서, ② 독학으로 영어회화를 시작했어요. ③ 내 나름대로는 ④ 열심히 해왔는데, 좀처럼 ⑤ 입 밖으로 나오지를 않았어요. ⑥ 읽으면 알겠는데, 실제로 ⑦ 들어 보면 전혀 몰랐어요. 도중에 ⑧ 포기하고 싶어졌지만, ⑨ 마음을 고쳐먹고 ⑩ 영어회화 학원에 다니기로 했어요. 2년간 ⑪ 원어민다운 표현이라든가 발음, 억양 등을 ⑫ 반복해서 말하는 연습을 했었어요. ⑬ 따라 해서 입으로 내는 것이 제일 중요했어요. 지금은 가끔 "⑭ 원어민 같아"라는 말을 듣기도 해요.

簡単(かんたん)な ① 日常会話(にちじょうかいわ)さえ できれば いいと 思(おも)って、② 独学(どくがく)で 英会話(えいかいわ)を 始(はじ)めました。③ 自分(じぶん)なりには ④ 頑張(がんば)って きたけど、なかなか ⑤ 口(くち)から 出(で)て きませんでした。⑥ 読(よ)めば わかるのに、実際(じっさい)に ⑦ 聞(き)いて みると 全然(ぜんぜん) わかりませんでした。途中(とちゅう)で ⑧ あきらめたく なったけど、⑨ 気(き)を 取(と)り直(なお)して ⑩ 英会話教室(えいかいわきょうしつ)に 通(かよ)う ことに しました。2年間(ねんかん) ⑪ ネイティブらしい 表現(ひょうげん)とか 発音(はつおん)、イントネーションなどを ⑫ 繰(く)り返(かえ)し 話(はな)す練習(れんしゅう)を して いました。⑬ マネして 口(くち)に 出(だ)す ことが 一番(いちばん) 大事(だいじ)でした。今(いま)は たまに「⑭ ネイティブ 並(な)みだよ」と 言(い)われたりも します。

🙂 몰랐어요!

일본어로 '~지만 / ~인데'의 역접(문장 앞뒤에 반대되는) 표현은?

- **~けど** 회화체 표현 예 おいしいけど、高(たか)いね。 맛있지만, 비싸네. (○)
- **~のに** 기대에 어긋난 사항이 올 때만 사용 예 おいしいのに、高(たか)いね。(×)

    (맛있다고 해서 꼭 비싸야 하는 것은 아니므로 사용할 수 없는 문장이에요.)

부분에 알맞은 단어를 넣어 말해 보세요.

예 **よむ** 읽다

→ <u>よめば</u> わかるのに。 읽으면 알겠는데.

❶ もう一度 ⎵ わかるのに。 한번 더　들으면　알겠는데.

❷ 続けて ⎵ わかるのに。 연속해서　들어 보면　알겠는데.

❸ 会話教室に ⎵ わかるのに。 회화학원에　다니면　알겠는데.

❹ 繰り返し 練習 ⎵ わかるのに。

반복해서 연습　하면　알겠는데.

예 **あきらめる** 포기하다 ⋯ **あきらめます** 포기합니다

→ <u>あきらめたく</u> なったけど、 あきらめませんでした。

포기하고 싶어졌지만, 포기하지 않았어요.

❺ ⎵ なったけど、 マネしませんでした。

따라 하고 싶어　졌지만, 따라 하지 않았어요.

❻ ⎵ なったけど、 頑張りませんでした。

열심히 하고 싶어　졌지만, 열심히 하지 않았어요.

❼ ⎵ なったけど、 気を取り直しませんで

した。 마음을 고쳐먹고 싶어　졌지만, 고쳐먹지 않았어요.

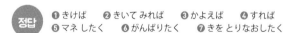

정답　❶ きけば　❷ きいて みれば　❸ かよえば　❹ すれば
❺ マネ したく　❻ がんばりたく　❼ きを とりなおしたく

Day 45

すいえい

수영

수영학원 水泳教室（すいえいきょうしつ）

① 수영장 プール

② 물속 水中（すいちゅう）

레슨 レッスン

걷기 歩き（あるき）

잠수 もぐり

뜨는 법 浮き方（うきかた）

③ 수영복 水着（みずぎ）

④ 수영모 水泳帽（すいえいぼう）

⑤ 물안경 ゴーグル

⑥ 귀마개 耳栓（みみせん）

⑦ 오리발 フィン

오늘의 표현

전혀 헤엄을 못 치다 全く（まったく）泳げない（およげない）　|　맥주병(수영을 못하는 사람) かなづち

발에 쥐가 나다 足（あし）が つる　|　물에 빠지다 溺れる（おぼれる）

얼굴을 물에 담그다 顔（かお）を 水（みず）に つける　|　평생 운동 生涯（しょうがい）スポーツ

물에 익숙해지다 水（みず）に 慣れる（なれる）　|　다니기 시작하다 通い（かよい）始める（はじめる）

수영의 기초 水泳（すいえい）の 基礎（きそ）　|　몸이 가라앉다 体（からだ）が 沈む（しずむ）

숨쉬기가 괴롭다 息継ぎ（いきつぎ）が 苦しい（くるしい）　|　왕복할 수 있다 往復（おうふく）できる

🎤 　　　　　 부분에 알맞은 단어를 넣어 말해 보세요.

예 **しょうがいスポーツ** 평생 운동

➡ 水泳は <u>しょうがいスポーツ</u>とも言う。

수영은 평생 운동이라고도 해.

① 水泳は 　　　　　　　　　とも言う。

수영은 기초체력 만들기에 좋다 고도 해.

② 水泳は 　　　　　　　　　とも言う。

수영은 몸매 가꾸기에 좋다 고도 해.

③ 水泳は 　　　　　　　　　とも言う。

수영은 스트레스 해소에 좋다 고도 해.

예 **すいえいの きそ** 수영의 기초

➡ レッスンは <u>すいえいの きそ</u>からでした。

레슨은 수영의 기초부터였어요.

④ レッスンは 　　　　　からでした。 레슨은 발차기 부터였어요.

⑤ レッスンは 　　　　　からでした。 레슨은 숨쉬기 부터였어요.

⑥ レッスンは 　　　　　からでした。 레슨은 잠수하기 부터였어요.

⑦ レッスンは 　　　　　　　からでした。

레슨은 팔 돌리는 방법 부터였어요.

 정답 ① きそたいりょく づくりに いい　② シェイプアップに いい　③ ストレス かいしょうに いい
④ キック　⑤ いきつぎ　⑥ もぐり　⑦ ての かきかた

Day 46

かなづち

맥주병(수영을 못하는 사람)

나는 ① 전혀 수영 못 하는 맥주병이었어요. 어렸을 때, 바다에서 ② 발에 쥐가 나서 빠진 이래, 물이 무서워요. ③ 얼굴을 물에 담그는 것도 싫어요. 하지만, 수영은 ④ 평생 운동이라고도 하고, ⑤ 물에 익숙해지고 싶어서, ⑥ 수영학원에 다니기 시작했어요. ⑦ 레슨은 물속에서의 걷는 법, 잠수하는 법, 뜨는 법 등 ⑧ 수영의 기초부터였어요. 지금은 ⑨ 몸이 가라앉거나, ⑩ 숨쉬기가 괴롭거나 하지 않아요. 25m ⑪ 수영장도 자유형으로 ⑫ 왕복할 수 있어요.

私は ① 全く 泳げない かなづちでした。子供の 頃、海で ② 足が つって 溺れて 以来、水が 怖いです。③ 顔を 水に つけるのも 嫌です。でも、水泳は ④ 生涯スポーツとも 言うし、⑤ 水に 慣れたくて、⑥ 水泳教室に 通い始めました。⑦ レッスンは 水中での 歩き方、もぐり方、浮き方などの ⑧ 水泳の 基礎からでした。今は ⑨ 体が 沈んだり、⑩ 息継ぎが 苦しかったり しません。25メートルの ⑪ プールも クロールで ⑫ 往復 できます。

😀 몰랐어요!

일본어로 '4泳法(4영법)'의 표현은?

• クロール 자유형　• 背泳ぎ 배영　• 平泳ぎ 평영　• バタフライ 접영

➡ '各泳法を 習得するための 練習 (각 영법을 습득하기 위한 연습)'은,

• キック 발차기　• 手の かきかた 팔 돌리는 방법　• 息継ぎ 숨쉬기

부분에 알맞은 단어를 넣어 말해 보세요.

예 **おぼれる** 물에 빠지다

→ 海で おぼれて以来、 水が 怖いです。

바다에서 빠진 이래, 물이 무서워요.

① 足が 　　　　 以来、 痛いです。 발에 쥐가 난 이래, 아파요.

② オープン 　　　 以来、 ずっと 行列です。

오픈 한 이래, 계속 줄 서요.

③ 水泳に 　　　　　　 以来、 休んだ ことが ありません。

수영을 다니기 시작한 이래, 쉰 적이 없어요.

예 **およぐ** 수영하다 ⋯ **およげる** 수영할 수 있다

→ 海で 全く およげない。 바다에서 전혀 수영 못 해.

④ プールで 全く 　　　　　　 。 수영장에서 전혀 못 걸어 .

⑤ プールで 全く 　　　　　　 。 수영장에서 전혀 잠수 못 해 .

⑥ プールに 全く 　　　　　　 。 수영장에 전혀 못 들어가 .

⑦ 25メートルを 全く 　　　　　　　　 。

25m를 전혀 왕복 못 해 .

＊する(하다)의 가능 표현은 できる(할 수 있다)

정답 ❶つって ❷して ❸かよいはじめて
❹あるけない ❺もぐれない ❻はいれない ❼おうふく できない

Day 47

やきゅう かんせん

야구 관람

❶ 야구장 野球場

야구 관람 野球観戦

시합 試合

한신 타이거즈
(프로야구팀 명)
阪神タイガース

감독 監督

심판 審判

❷ 선수 選手

❸ 투수 投手 / ピッチャー

❹ 포수
捕手 / キャッチャー

❺ 타자 打者 / バッター

❻ 야구방망이 バット

❼ 글러브 グラブ

오늘의 표현

열렬한 팬 熱狂的な ファン | ~회 초 ~回表 | ~회 말 ~回裏

먼저 3점을 따다 先に 3点を 取る | 리드하다 リードする

3 대 3 무승부인 채로 3対3 引き分けの まま | 손에 땀을 쥐다 手に 汗を 握る

시합 상황 試合展開 | 타석을 향하다 打席に 向かう | 들끓어 오르다 沸き上がる

공을 던지다 ボールを 投げる | 공에 맞다 ボールに 当たる | 조마조마하다 ハラハラ する

굿바이 홈런 サヨナラ ホームラン | 홈런을 치다 ホームランを 打つ

부분에 알맞은 단어를 넣어 말해 보세요.

예 **ホームラン** 홈런

➜ <u>ホームラン</u>を 打^うちました。 홈런을 쳤습니다.

❶ 　　　　　　　　 を 打^うちました。 만루 홈런 을 쳤습니다.

❷ 　　　 を 打^うちました。 안타 를 쳤습니다.

❸ 　　 を 打^うちました。 땅볼 을 쳤습니다.

예 **だしゃ** 타자

➜ だしゃが 打席^{だ せき}に 向^むかうと ファンが 沸^わき上^あがりました。
타자가 타석으로 향하자 팬들이 들끓어 올랐어요.

❹ 　　　　　 が マウンドに 向^むかうと ファンが 沸^わき上^あがり

ました。 투수 가 마운드로 향하자 팬들이 들끓어 올랐어요.

❺ 　　　　　　　 が ベンチに 向^むかうと ファンが 沸^わき

上^あがりました。 선발 투수 가 벤치로 향하자 팬들이 들끓어 올랐어요.

❻ 　　　　　 が グラウンドに 出^でると ファンが 沸^わき上^あがり

ました。 감독 이 그라운드에 나오자 팬들이 들끓어 올랐어요.

❼ 　　　　　 が ボールを 3塁^{るい}に 投^なげると ファンが 沸^わき上^あがり

ました。 포수 가 공을 3루로 던지자 팬들이 들끓어 올랐어요.

---

 ❶ まんるい ホームラン　❷ ヒット　❸ ゴロ
❹ とうしゅ　❺ せんぱつ とうしゅ　❻ かんとく　❼ ほしゅ

サヨナラ ホームラン

굿바이 홈런

나는 ① 한신 타이거즈의 열렬한 팬이에요. 오늘은 ② 야구장에 응원하러 다녀왔어요. ③ 4회 말, 먼저 ④ 3점을 따고 리드하고 있었는데, ⑤ 5회 초에 3점을 잃었어요. ⑥ 3대 3 무승부인 채로, 드디어 12회 말! ⑦ 손에 땀을 쥐게 하는 시합 상황에, ⑧ 타자가 타석으로 향하자, ⑨ 응원석이 들끓어 올랐어요. ⑩ 투수가 공을 던지는 순간도, ⑪ 배트가 공에 맞는 순간도 모두 ⑫ 조마조마했어요. 야~, 대단해, 명중! ⑬ 굿바이 홈런을 쳤어요. 끝까지 믿기를 잘했어.

私は ① 阪神タイガースの 熱狂的な ファンです。今日は ② 野球場に 応援に 行って きました。③ 4回裏、先に ④ 3点を 取って リードして いたけど、⑤ 5回表に 3点を 取られました。⑥ 3対3 引き分けの まま、いよいよ 12回裏！ ⑦ 手に 汗を 握る 試合展開に、⑧ 打者が 打席に 向かうと ⑨ 応援席が 沸き上がりました。⑩ 投手が ボールを 投げる 瞬間も、⑪ バットが ボールに 当たる 瞬間も みんな ⑫ ハラハラ しました。ひゃー、すごい、あたり！ ⑬ サヨナラ ホームランを 打ちました。最後まで 信じて よかった。

😊 몰랐어요!

일본어로 '球場(구장)' 안의 용어는?

- 그라운드 グラウンド
- 본루 本塁
- 외야 外野

- 마운드 マウンド
- 1루/2루/3루 1塁 / 2塁 / 3塁
- 응원석 応援席

- 타석 打席
- 내야 内野
- 벤치 ベンチ

부분에 알맞은 단어를 넣어 말해 보세요.

예 **しんじる** 믿다

→ 最後_{さいご}まで <u>しんじて</u> よかった。끝까지 <u>믿기를</u> 잘했어.

❶ 今日_{きょう} _____ よかった。오늘 보러 오길 잘했어.

❷ 応援_{おうえん}に _____ よかった。응원하러 다녀 오길 잘했어.

❸ 先_{さき}に 3点_{てん}を _____ よかった。먼저 3점을 따길 잘했어.

예 **なげる** 던지다

→ ボールを <u>なげる</u> 瞬間_{しゅんかん} ハラハラ しました。
공을 <u>던지는</u> 순간 조마조마했어요.

❹ バットが ボールに _____ 瞬間_{しゅんかん} ハラハラ しました。

배트가 공에 맞는 순간 조마조마했어요.

❺ ボールを _____ 瞬間_{しゅんかん} ハラハラ しました。

공을 치는 순간 조마조마했어요.

❻ 1点_{てん}を _____ 瞬間_{しゅんかん} ハラハラ しました。

1점을 잃는 순간 조마조마했어요.

 정답 ❶ みにきて ❷ いってきて ❸ とって
❹ あたる ❺ うつ ❻ とられる

ジム

헬스클럽

① 헬스클럽 **ジム**

스포츠 클럽
スポーツ クラブ

근력운동 **筋トレ**

유산소운동
有酸素運動

② 상반신 **上半身**

③ 하반신 **下半身**

팔 굽혀 펴기 **腕立て伏せ**

윗몸 일으키기 **腹筋**

④ 러닝머신
ランニングマシン

스트레칭 **ストレッチ**

오늘의 표현

회원 가입하다 **入会する** ㅣ 근육이 울끈불끈하다 **ムキムキだ**

체력이 점점 떨어지다 **体力が 落ちて くる** ㅣ 근육을 붙이다 **筋肉を つける**

부끄러울 정도 **恥ずかしい くらい** ㅣ 몸이 뻣뻣하다 **体が 固い**

확실히 유연해지다 **確実に 柔らかく なる** ㅣ 체지방률 **体脂肪率**

30%을 넘다 **30%を 超える** ㅣ 꽤 줄다 **ずいぶん 減る**

나눠서 단련하다 **分けて 鍛える** ㅣ 땀을 흘리다 **汗を 流す**

🎤 부분에 알맞은 단어를 넣어 말해 보세요.

예 **にゅうかい** 회원 가입, 입회

➡ ジムに にゅうかいしたんです。
헬스클럽에 회원 가입했어요 = 새로 들어왔어요.

1 図書館に   したんです。 도서관에 입관 했어요.
　　と しょかん

2 この チームに   したんです。 이 팀에 입단 했어요.

3 選手たちが   したんです。 선수들이 입장 했어요.
　　せんしゅ

예 **ランニングマシン** 러닝머신

➡ ランニングマシンで 汗を 流してます。
러닝머신으로 땀을 흘리고 있어요.

4   で 汗を 流してます。

유산소운동 으로 땀을 흘리고 있어요.

5   で 汗を 流してます。 조깅 으로 땀을 흘리고 있어요.

6   で 鍛えてます。 윗몸 일으키기 로 단련하고 있어요.

7   で 鍛えてます。 팔 굽혀 펴기 로 단련하고 있어요.

정답
❶ にゅうかん　❷ にゅうだん　❸ にゅうじょう
❹ ゆうさんそ うんどう　❺ ジョギング　❻ ふっきん　❼ うでたてふせ

5분 집중 말하기 훈련 www.pagodabook.com　117

きんトレ

근력운동

① 헬스클럽에 회원 가입해서 매주 3번 다니고 있어요. 특별히 ② 근육이 울끈불끈해지고 싶은 것은 아니에요. 요즘 ③ 체력이 점점 떨어져서, 좀 ④ 근육을 붙이고 싶었어요. ⑤ 부끄러울 정도로 몸이 뻣뻣했었는데, 지금은 ⑥ 확실히 유연해졌어요. 맨 처음에, ⑦ 체지방률도 30%를 넘었었는데, 지금은 ⑧ 꽤 줄었어요. 헬스클럽에서는 먼저, ⑨ 근력운동을 해요. ⑩ 상반신과 하반신을 나눠서 단련하고 있어요. 그리고 나서 ⑪ 유산소운동을 해요. 30분 정도 ⑫ 러닝머신으로 땀을 흘리고 있어요.

① ジムに 入会して 毎週 3回 通ってます。別に ② ムキムキに なりたいわけじゃないです。最近 ③ 体力が 落ちて きたから、ちょっと ④ 筋肉を つけたかったんです。⑤ 恥ずかしい くらい 体が 固かったのに、今は ⑥ 確実に 柔らかく なったんです。最初、⑦ 体脂肪率 も 30パーセントを 超えて いたのに、今は ⑧ ずいぶん 減ったんです。ジムでは まず、⑨ 筋トレを します。⑩ 上半身と 下半身を 分けて 鍛えてます。それから ⑪ 有酸素運 動を します。30分くらい ⑫ ランニングマシンで 汗を 流してます。

😊 몰랐어요!

일본어로 '운동을 계속하면 좋은 점'은?

- 基礎代謝が 上がる 기초대사량이 올라간다 ・ くびれが できる 잘록해진다
- 姿勢が よくなる 자세가 좋아진다 ・ 体が 引き締まる 몸이 탄탄해진다
- 血流が よくなる 혈액순환이 좋아진다 ・ むくみが 取れる 붓기가 빠진다
- 肩こり、冷え性が よくなる 어깨 결림, 냉증이 좋아진다

부분에 알맞은 단어를 넣어 말해 보세요.

예 **おちる** 떨어지다

→ 最近 体力が おちて きた。 요즘 체력이 점점 떨어졌어.

① 体重が _____ から うれしい。 체중이 점점 빠졌기 때문에 기뻐.

② 筋肉が _____ けど、体重は 減らない。

근육을 점점 붙여 왔 지만, 체중은 안 줄어.

③ 運動を 始めたら、体が _____。

운동을 시작했더니, 몸이 점점 튼튼해졌어 .

예 **つける** 붙이다 ⋯→ **つけます** 붙입니다

→ 体力を つけたかったんです。 체력을 붙이고 싶었어요.

④ 筋トレを _____。 근력운동을 하고 싶었어요 .

⑤ 運動の 前に、ストレッチを _____。

운동 전에, 스트레칭을 하고 싶었어요 .

⑥ もっと 柔らかく _____。 더 유연해 지고 싶었어요 .

⑦ 今日は 上半身だけ _____。

오늘은 상반신만 단련하고 싶었어요 .

 정답 ❶ へって きた ❷ ついて きた ❸ じょうぶに なって きた ❹ したかったんです
❺ したかったんです ❻ なりたかったんです ❼ きたえたかったんです

안에 알맞은 표현을 넣어 보세요.

1 읽는 법은 사람마다 제각각이라고 생각해요.

　　　　　　　は 人<ruby>ひと</ruby> それぞれだと 思<ruby>おも</ruby>います。

2 많이 있으면 있을수록 좋아.

たくさん 　　　 あるほど いい。

3 일상회화만 가능하면 된다.

　　　　　　　　　　　 さえ できれば、 いい。

4 포기하고 싶어졌지만, 포기하지 않았어요.

　　　　　　　　 なったけど、 あきらめませんでした。

5 수영은 스트레스 해소에 좋다고도 해.

水泳<ruby>すいえい</ruby>は 　　　　　　　　　　　　 とも 言<ruby>い</ruby>う。

6 바다에서 전혀 수영 못 해.

海<ruby>うみ</ruby>で 全<ruby>まった</ruby>く 　　　　　　　。

7 홈런을 쳤습니다.

ホームランを 　　　　　　。

8 공을 던지는 순간 조마조마했어요.

ボールを 　　　　 瞬間<ruby>しゅんかん</ruby> ハラハラ しました。

9 헬스클럽에 회원가입했어요.

ジムに 　　　　　　 したんです。

10 요즘 체력이 점점 떨어졌어.

最近<ruby>さいきん</ruby> 体力<ruby>たいりょく</ruby>が 　　　　　　。

 정답
1 よみかた **2** あれば **3** にちじょうかいわ **4** あきらめたく **5** ストレス かいしょうに いい
6 およげない **7** うちました **8** なげる **9** にゅうかい **10** おちて きた

절분 (입춘 전날)

節分
せつ ぶん

節分은 본래 입춘, 입하, 입추, 입동의 전날. 즉, 계절이 바뀌는 환절기를 말하는
せつぶん
데요. 특히, 입춘 전날(매년 2월 4일경)을 일컫는 표현으로 많이 사용해요.

- **柊イワシ(구골나무의 잎에 정어리의 머리를 장식함)**
  ひいらぎ
  '柊(구골나무)'의 뾰족뾰족한 잎이 귀신의 눈을 찔러 쫓아요.
  ひいらぎ
  'イワシ(정어리)'의 생선 냄새와 연기가 귀신을 쫓아요.
  ➡화재, 병, 기근 등 인간의 힘으로는 어쩔 수 없는 일들을 모두 귀신 때문이라고 생각했어요.

- **豆をまく(붉은 콩 뿌리기)**
  まめ
  「鬼は外、福は内(귀신은 밖으로, 복은 안으로)」라고 외치면서 콩을 뿌리며, 마음의 귀신을
  おに そと ふく うち
  쫓아요.
  ➡ 나쁜 생각들도 마음의 귀신 때문이라고 생각했어요.

- **福豆を食べる(복 콩 먹기)**
  ふく まめ た
  콩을 뿌린 후 자신의 나이만큼 福豆(복 콩)을 먹어요.
  ふく まめ
  ➡ 콩을 먹으면 건강한 한 해를 보낼 수 있어요.

- **恵方巻(에호 김밥 먹기)**
  え ほう まき
  밤에 '恵方(그해의 행운을 부르는 방향)'을 향하여 소원을 빌며, 먹어요.
  え ほう
  주의점은 칼로 자르면, 인연이나 행운이 끊길 수 있어요.
  ➡ 아무 말도 하지 않고 끝까지 먹으면 그해의 운이 좋아져요.

ダイエット

다이어트

다이어트 **ダイエット**

식사제한 **食事制限**

① 체중계 **体重計**

③ 탄수화물 **炭水化物**

② 아랫배 **下腹**

요요 현상 **リバウンド**

허리둘레 **腰回り**

④ 과식하지 않고 배의 80%만 **腹八分**

복부비만 **メタボ**

오늘의 표현

유행하는 다이어트 **流行りの ダイエット** | 마르다, 살 빼다 **やせる**

요요 현상의 반복 **リバウンドの 繰り返し** | 동기부여가 되다 **ヤル気が 出る**

구체적인 목표를 정하다 **具体的な 目標を 決める** | 몸무게를 재다 **体重を 測る**

자극이 되다 **刺激に なる** | 탄수화물을 줄이다 **炭水化物を 控える**

균형 잡힌 식사 **バランスの とれた 食事** | 항상 유념하다 **心がける**

3끼는 제대로 **3食は ちゃんと** | 칼로리를 신경 쓰다 **カロリーを 気に する**

[속담] 과식하지 않고 적당히 먹어두면 의사가 필요 없다 **腹八分に 医者いらず**

부분에 알맞은 단어를 넣어 말해 보세요.

예 **たいじゅう** 몸무게

→ <u>たいじゅう</u>を 測^{はか}ります。 몸무게를 재요.

❶ ⬚⬚⬚⬚ を 測^{はか}ります。 허리둘레 를 재요.

❷ ⬚⬚⬚⬚ を 測^{はか}ります。 사이즈 를 재요.

❸ ⬚⬚⬚⬚ を 測^{はか}ります。 체지방 을 재요.

❹ ⬚⬚⬚⬚ を 測^{はか}ります。 맥박 을 재요.

예 **たんすいかぶつ** 탄수화물

→ メタボなら <u>たんすいかぶつ</u>は 控^{ひか}えた 方^{ほう}が いい。

복부비만이라면 <u>탄수화물</u>은 줄이는 편이 좋아.

❺ メタボなら ⬚⬚⬚⬚ は 控^{ひか}えた 方^{ほう}が いい。

복부비만이라면 단 것 은 줄이는 편이 좋아.

❻ メタボなら ⬚⬚⬚⬚ は 控^{ひか}えた 方^{ほう}が いい。

복부비만이라면 기름진 것 은 줄이는 편이 좋아.

❼ メタボなら ⬚⬚⬚⬚ は 控^{ひか}えた 方^{ほう}が いい。

복부비만이라면 짠 것 은 줄이는 편이 좋아.

 정답
❶ こしまわり　❷ サイズ　❸ たいしぼう　❹ みゃく
❺ あまい もの　❻ あぶらっこい もの　❼ しょっぱい もの

はらはちぶ

과식하지 말고 적당히

20대 때의 다이어트는 극단적으로 ① 식사제한을 하거나, 자신에게 맞을지 어떨지 생각하지 않고 ② 유행하는 다이어트를 하거나 했어요. 일시적으로는 ③ 살이 빠져도, 또 ④ 요요 현상의 반복. 지금은, "다음달까지는 1kg 빼고 말거야" 등의 ⑤ 구체적인 목표를 정해요. ⑥ 동기부여가 되니까! 매일 꼭 ⑦ 체중계로 몸무게를 재요. 재는 것만으로도 ⑧ 자극이 되니까! 식사는 ⑨ 탄수화물을 줄이고, ⑩ 균형 잡힌 식사를 항상 유념해요. ⑪ 3끼는 제대로! ⑫ 칼로리는 신경 쓰지 않고 먹어요. 단, ⑬ 과식하지 않고 적당히 먹어두면 의사가 필요 없지!

20代の 頃の ダイエットは 極端に ①食事制限を したり、自分に 合うか どうか 考えずに ②流行りの ダイエットを したり してたんです。一時的には ③やせても、また ④リバウンドの 繰り返し。今は、「来月までには 1キロ やせて やる」など ⑤具体的な 目標を 決めます。⑥ヤル気が 出るから! 毎日 必ず ⑦体重計で 体重を 測ります。測るだけでも ⑧刺激に なるから! 食事は ⑨炭水化物を 控えて、⑩バランスの とれた 食事を 心がけます。⑪3食は ちゃんと! ⑫カロリーは 気に せずに 食べます。ただし ⑬腹八分に 医者いらず!

😊 몰랐어요!

일본어로 '다이어트 하는 사람들이 자주 하는 말'은?

- ダイエットは 明日から。　　　　다이어트는 내일부터.
- 美味しいものは ゼロカロリー。　맛있는 것은 제로칼로리.
- 今度は 本気だってば。　　　　　이번에는 진짜라니깐.

부분에 알맞은 단어를 넣어 말해 보세요.

예 **あう** 맞다

→ <u>あうか</u> どうか わかりません。 <u>맞을지</u> 어떨지 모르겠어요.

1 体重が [   ] どうか わかりません。

몸무게가 <u>줄지</u> 어떨지 모르겠어요.

2 目標を [   ] どうか わかりません。

목표를 <u>정할지</u> 어떨지 모르겠어요.

3 体重計が [   ] どうか わかりません。

체중계가 <u>필요할지</u> 어떨지 모르겠어요.

예 **いる** 필요하다 ··· **いらない** 필요 없다

→ 医者<u>いらず</u>。 의사 필요 없어.

4 [   ] に ダイエット した。 <u>생각하지 않</u> 고 다이어트했다.

5 [   ] に ダイエット した。 <u>먹지 않</u> 고 다이어트했다.

6 カロリーは 気に [   ] に ダイエット した。

칼로리는 신경 <u>쓰지 않</u> 고 다이어트했다.

＊する의 경우 ない형은 しない이지만 'せず'로 바뀐다.

---

 ❶へるか **❷**きめるか **❸**いるか
❹かんがえず **❺**たべず **❻**せず

エステ

피부관리실

피부관리실 **エステ**

피부관리
**スキンケア /
肌のお手入れ**

피부타입 **肌の タイプ**

피부 탄력 **肌の はり**

거친 피부 **肌荒れ**

윤기 있는 피부 **肌の つや**

각질 제거 **角質除去**

푸석푸석한 피부
カサカサの 肌

미백 **美白**

작은 얼굴 **小顔**

오늘의 표현

얼마만인지 **いつぶりだろう** ┃ 상담을 받다 **カウンセリングを 受ける**

신경 쓰이는 부분 **気に なって いる 部分** ┃ 옷을 갈아입다 **着替える**

시술 스타트 **施術スタート** ┃ 눈 깜짝할 사이 **あっという 間**

얼굴 전체가 하얘지다 **顔全体が 白く なる** ┃ 반들반들(눈으로 본 모습) **つるつる**

매끈매끈(손으로 만진 느낌) **すべすべ** ┃ 딱딱하게 굳은 어깨 **ガチガチの 肩**

목 주위를 풀다 **首まわりを ほぐす** ┃ 개운하다 **スッキリする**

🎙️ **부분에 알맞은 단어를 넣어 말해 보세요.**

예 **ニキビ** 여드름

➡ <u>ニキビ</u>が 悩^{なや}みです。 <u>여드름</u>이 고민이에요.

❶ ＿＿＿が 悩^{なや}みです。 다크서클 이 고민이에요.

❷ ＿＿＿が 悩^{なや}みです。 모공 이 고민이에요.

❸ ＿＿＿が 悩^{なや}みです。 잡티 가 고민이에요.

❹ ＿＿＿が 悩^{なや}みです。 기미 가 고민이에요.

예 **はだあれ** 거친 피부

➡ <u>はだあれ</u>が 気^きに なって います。
거친 피부가 신경 쓰여요.

❺ ＿＿＿が 気^きに なって います。 주름 이 신경 쓰여요.

❻ ＿＿＿が 気^きに なって います。 팔자주름 이 신경 쓰여요.

❼ ＿＿＿が 気^きに なって います。

무석무석한 피부 가 신경 쓰여요.

 정답 ❶くま ❷けあな ❸くすみ ❹しみ
❺しわ ❻ほうれいせん ❼カサカサの はだ

カサカサが つるつるに

푸석푸석이 반들반들로

여기는 인기 많은 ① 피부관리실이에요. 피부관리실이라니, ② 얼마만인지. 기대되네! 우선은 간단한 ③ 상담을 받아요. ④ 피부타입이랑 신경 쓰이는 부분 같은 것을 이야기하면 돼요. 요즘 ⑤ 피부의 윤기랑 탄력이 없어서 고민이에요. 또, ⑥ 거친 피부도 신경 쓰여요. 다음은 ⑦ 옷을 갈아입고, 시술 스타트. 60분 ⑧ 미백코스인데, 눈 깜짝할 사이였어요. 모든 ⑨ 피부관리가 끝나고, 거울을 봤더니, ⑩ 얼굴 전체가 하얘지고, 반들반들했어요. ⑪ 딱딱하게 굳은 어깨와 목 주위를 풀어줘서, 너무 ⑫ 개운해요.

ここは 人気の ① エステです。エステなんて、② いつぶりだろう。楽しみ！ まずは 簡単な ③ カウンセリングを 受けます。④ 肌の タイプや 気に なって いる 部分とかを 話せば いい です。最近 ⑤ 肌の つやと はりが なくて 悩みです。あと、⑥ 肌荒れも 気に なって いま す。次は ⑦ 着替えて、施術スタート。60分の ⑧ 美白コースですが、あっという間でし た。すべての ⑨ お手入れが 終わって、鏡を 見たら、⑩ 顔全体が 白く なって いて、つ るつるでした。⑪ ガチガチの 肩と 首まわりも ほぐして もらって、とても ⑫ スッキリ しました。

😊 몰랐어요!

일본어로 '피부용어'는?

- 毛穴 모공 ・くま 다크서클 ・くすみ 잡티 ・ニキビ 여드름
- しみ 기미 ・そばかす 주근깨 ・しわ 주름 ・ほうれい線 팔자주름

부분에 알맞은 단어를 넣어 말해 보세요.

(예) **はなす** 이야기하다

→ **はなせば** いいです。 이야기하면 돼요.

① 更衣室で   いいです。 탈의실에서 옷을 갈아입으면 돼요.

② そばかすを   いいです。 주근깨를 없애면 돼요.

③ 首まわりを   いいです。 목 주위를 풀면 돼요.

④ 肌の トラブルが   いいです。

피부 트러블이 가라앉으면 돼요.

(예) **しろく なって いる** 하얘져 있다

→ 顔が しろく なって いて、 つるつるです。

얼굴이 하얘지고, 반들반들해요.

⑤ 顔の つやが   、 カサカサです。

얼굴의 윤기가 없어지고 , 푸석푸석해요.

⑥ 肩を   、 スッキリ しました。

어깨를 풀어줘서 , 개운해요.

⑦ お手入れを   、 小顔に なりました。

피부관리를 받아서 , 얼굴이 작아졌어요.

 정답 ① きがえれば ② とれば ③ ほぐせば ④ おちつけば
⑤ なく なって ⑥ ほぐして もらって ⑦ して もらって

びょういん

미용실

커트 **カット**	5,000円~	흰머리 염색 **白髪染め**	6,000円~
파마 **パーマ**	10,000円~	뿌리염색 **リタッチ**	4,000円~
매직파마 **縮毛矯正**	20,000円~	클리닉 **トリートメント**	4,600円~
염색 **カラー**	6,000円~	드라이 **ドライ**	1,000円~

미용실 **美容院**

미용사 **美容師**

❶ 머리카락 **髪の毛**

앞머리 **前髪**

옆머리 **横髪**

❷ 뒷머리 **後ろ髪**

❸ (머리)뿌리 **根元**

❹ 머리끝 부분 **毛先**

❺ 곱슬머리 **くせ毛**

목덜미 털 **襟足**

오늘의 표현

머리를 기르다 **髪を伸ばす** | 머리를 자르다 **髪を切る** | 다듬다 **整える / そろえる**

파마를 하다 **パーマをかける** | 머리가 상하다 **髪が傷む** | 효과가 없다 **効果がない**

이미지를 바꾸다 **イメチェンする** | 머리를 염색하다 **髪を染める** | 숱을 치다 **髪をすく**

숱이 많다 **髪の量が多い** | 숱이 없다 **髪が薄い** | 머릿결이 좋다 **髪がさらさらだ**

머리가 가라앉다 **髪のボリュームがない** | 될 때까지 참다 **なるまで我慢する**

🎤 **부분에 알맞은 단어를 넣어 말해 보세요.**

예 うすい 별로 없다, 옅다, 얇다

→ 髪_{かみ}が <u>うすい</u>。 머리카락이 별로 없어 = 숱이 적다.

❶ 眉毛_{まゆげ}が ⬚⬚⬚。 눈썹이 〔흐려〕.

❷ この 雑誌_{ざっし}は 紙_{かみ}が ⬚⬚⬚。 이 잡지는 종이가 〔얇아〕.

❸ ⬚⬚⬚ ピンク色_{いろ}に 染_そめた。 〔옅은〕 핑크색으로 염색했어.

❹ この スープは ⬚⬚⬚。 이 수프는 〔맛이 옅어〕 = 싱겁다.

예 ショート 숏컷, 짧은 머리

→ 思_{おも}い切_きって <u>ショート</u>に しよう。 과감히 숏컷으로 하자.

❺ 思_{おも}い切_きって ⬚⬚⬚ に しよう。 과감히 〔파마〕 로 하자.

❻ 思_{おも}い切_きって ⬚⬚⬚ に しよう。

과감히 〔매직파마〕 로 하자.

❼ 思_{おも}い切_きって ⬚⬚⬚ に しよう。

과감히 〔밝은 머리색〕 으로 하자.

❽ 思_{おも}い切_きって ⬚⬚⬚ に しよう。

과감히 〔어두운 머리색〕 으로 하자.

정답
❶ うすい **❷** うすい **❸** うすい **❹** うすい
❺ パーマ **❻** しゅくもう きょうせい **❼** あかるい かみいろ **❽** くらい かみいろ

かみ さらさらですね

머릿결 좋네요

① 머리를 기르고 싶어서, ② 머리끝 부분만 다듬고 싶었어요. 근데, ③ 너무 상해서, 지금 이대로라면 ④ 클리닉을 받아도 효과가 없다고 들었어요.
그럼, ⑤ 과감히 숏컷으로 하자. ⑥ 이미지 체인지도 가능하고. ⑦ 뒷머리의 숱이 많으니까, ⑧ 숱을 쳐서 가볍게 줄여줬으면 해요. ⑨ 앞머리는 숱이 적어서 가라앉으니까, 이대로 괜찮아요. 상한 머리가 ⑩ 머릿결이 좋아질 때까지, ⑪ 파마도 염색도 참자.

① 髪を 伸ばしたくて、② 毛先だけ そろえたかったんです。でも、③ 傷みすぎて、今のままじゃ ④ トリートメントして もらっても 効果が ないって 言われたんです。
じゃ、⑤ 思い切って ショートに しよう。⑥ イメチェンも できるし。⑦ 後ろ髪の 量が 多いから、⑧ 髪を すいて 軽くして ほしいです。⑨ 前髪は 薄くて ボリュームが ないから、このままで いいです。傷んだ 髪が ⑩ さらさらに なるまで、⑪ パーマも カラーも 我慢しよう。

몰랐어요!

일본어로 미용실은 '美容室? 美容院?' 어느 쪽?

일본의 국어사전에는 美容院이라는 단어만 나와 있고, 美容室라는 단어는 없어요. 하지만 지역에 따라 美容院이라 하는 곳도, 美容室라 하는 곳도 있어요.
그 외, ヘアサロン(헤어 살롱), 理容院(이용원), 床屋(이발소), バーバーショップ(바버샵)라는 표현도 있어요.

부분에 알맞은 단어를 넣어 말해 보세요.

예 **のばす** 기르다 ⋯▶ **のばします** 기릅니다

➜ 髪を **のばしたくて**。 머리를 <u>기르고 싶어서</u>.

❶ パーマを ⬜⬜⬜⬜⬜ 。 파마를 하고 싶어서 .

❷ 久しぶりに ⬜⬜⬜⬜⬜⬜⬜ 。

오랜만에 이미지를 바꾸고 싶어서 .

❸ トリートメントを ⬜⬜⬜⬜⬜ 。 클리닉을 받고 싶어서 .

❹ 早く ⬜⬜⬜⬜⬜⬜⬜ 。

빨리 머릿결이 좋아지고 싶어서 .

예 **すく** 숱을 치다

➜ 髪を **すいて** ください。 머리숱을 <u>쳐</u> 주세요.

❺ 毛先だけ ⬜⬜⬜⬜ ください。 머리끝 부분만 다듬어 주세요.

❻ 前髪を 長く ⬜⬜⬜ ください。 앞머리를 길게 잘라 주세요.

❼ この 写真の ように ⬜⬜⬜ ください。 이 사진처럼 해 주세요.

❽ 明るい 茶色に ⬜⬜⬜ ください。

밝은 갈색으로 염색해 주세요.

---

 ❶ かけたくて ❷ イメチェン したくて ❸ して もらいたくて
❹ さらさらに なりたくて ❺ そろえて ❻ きって ❼ して ❽ そめて

Day 57

せんたく

세탁

① 세탁기 洗濯機

② 세탁 망 洗濯ネット

③ 건조기 乾燥機

④ 빨래 바구니 洗濯かご

⑤ 빨래, 세탁물 洗濯物

⑥ 세제 洗剤

표백제 漂白剤

⑦ 섬유 유연제 柔軟剤

옷걸이 ハンガー

⑧ 빨래 집게 洗濯ばさみ

손빨래 手洗い

⑨ 빨래 건조대 物干し

오늘의 표현

빨랫감이 쌓이다 洗濯物が たまる | 빨래가 산더미다 洗濯物が 山積みだ

빨래를 분리하다 洗濯物を 分ける | 세탁망에 넣다 洗濯ネットに 入れる

뒤집어 벗어 놓다 裏返しに する | 원래대로 하다 直す

세탁하다 洗濯 する | 세탁기를 돌리다 洗濯機を 回す

탁탁 두들기다 パンパン たたく | 주름을 펴다 しわを 伸ばす

빨래를 널다 洗濯物を 干す | 빨래를 걷다 洗濯物を 取り込む | 마르다 乾く

다림질하다 アイロンを かける | 개다 たたむ | 서랍에 넣다 引き出しに しまう

🎙️ **   부분에 알맞은 단어를 넣어 말해 보세요.**

예 せんたくき 세탁기

➡️ <u>せんたくき</u>に 入(い)れて ください。 세탁기에 넣으세요.

①   に 入(い)れて ください。 건조기 에 넣으세요.

②   に 入(い)れて ください。 세탁 망 에 넣으세요.

③   を 入(い)れて ください。 세제 를 넣으세요.

④   を 入(い)れて ください。 섬유 유연제 를 넣으세요.

예 せんたくもの 빨래, 세탁물

➡️ <u>せんたくもの</u>が 山積(やまづ)みです。 빨래가 산더미예요.

⑤   が 山積(やまづ)みです。 문제 가 산더미예요.

⑥   が 山積(やまづ)みです。 숙제 가 산더미예요.

⑦   が 山積(やまづ)みです。 일 이 산더미예요.

정답 ❶ かんそうき ❷ せんたくネット ❸ せんざい ❹ じゅうなんざい
❺ もんだい ❻ しゅくだい ❼ しごと

Day 58

せんたくきを まわそう

세탁기를 돌리자

빨래라는 건 정말 귀찮아요. 그냥 ① 빨기만 하면 되는 게 아니에요. ② 세탁기를 돌리기 전에는, ③ 손빨래인지 흰 빨래인지를 ④ 분리해요. ⑤ 뒤집어 벗어놓은 양말은 ⑥ 원래대로 해요. ⑦ 널기 전에는, ⑧ 탁탁 두들기거나(치거나), ⑨ 주름을 펴거나 해요. 또 ⑩ 마르면, 빨래를 일일이 ⑪ 걷어서, ⑫ 개요. 그리고 나서 ⑬ 서랍에 넣어요.

洗濯って 本当に 面倒くさいです。ただ ① 洗うだけの もんじゃないです。② 洗濯機を 回す 前には、③ 手洗いの 物か 白の 物かを ④ 分けます。⑤ 裏返しの 靴下は ⑥ 直します。
⑦ 干す 前には、⑧ パンパン たたいたり、⑨ しわを 伸ばしたり します。あと ⑩ 乾いたら、洗濯物を いちいち ⑪ 取り込んで、⑫ たたみます。それから ⑬ 引き出しに しまいます。

😊 몰랐어요!

'干す'의 명사 표현은?

• 干す 널다, 널어서 말리다 ➡ ～干し ~(널어) 말림

> 예 햇볕에서 말림 天日干し　　그늘에서 말림 陰干し
> 　　방안에 말림 部屋干し　　말린 매실 梅干し

부분에 알맞은 단어를 넣어 말해 보세요.

예 **ほす** 널다

➡ **ほす** 前に します。 널기 전에 해요.

❶ _____ 前に します。 마르기 전에 해요.

❷ 洗濯物を _____ 前に します。 빨래를 걷기 전에 해요.

❸ 洗濯物を _____ 前に します。 빨래를 개기 전에 해요.

❹ 引き出しに _____ 前に します。 서랍에 넣기 전에 해요.

예 **まわす** 돌리다

➡ **ただ まわす だけの もんじゃないです。**
그냥 돌리기만 하면 되는 게 아니에요.

❺ ただ _____ だけの もんじゃないです。

그냥 분리하기 만 하면 되는 게 아니에요.

❻ ただ _____ だけの もんじゃないです。

그냥 두들기기 만 하면 되는 게 아니에요.

❼ ただ _____ だけの もんじゃないです。

그냥 주름을 펴기 만 하면 되는 게 아니에요.

정답

❶ かわく　　❷ とりこむ　　❸ たたむ　　❹ しまう
❺ わける　　❻ たたく　　❼ しわを のばす

Day 59

おおそうじ

대청소

집안일 家事

대청소 大掃除

① 창문 窓

② 가구 家具

③ 마루, 마룻바닥 床

④ 청소기 掃除機

⑤ 빗자루 ほうき

⑥ 쓰레받기 ちりとり

⑦ 자루걸레 モップ

⑧ 손걸레 雑巾

⑨ 쓰레기통 ゴミ箱

⑩ 쓰레기 봉투 ゴミ袋

오늘의 표현

환기를 시키다 換気を する ┃ 상쾌한 바람이 들어오다 さわやかな 風が 入って くる

먼지를 털다 ほこりを 払う ┃ 먼지가 쌓여 있다 ほこりが たまって いる

청소기를 돌리다 掃除機を かける ┃ 먼지를 빨아들이다 ゴミを 吸う

걸레질을 하다 雑巾がけを する ┃ 자루걸레로 닦다 モップで 拭く

욕실청소를 하다 風呂掃除を する ┃ 곰팡이가 피어 있다 カビが 生えて いる

곰팡이를 없애다 カビを とる ┃ 집안일은 분담하다 家事は 分担する

도움이 안돼 役立たず ┃ 정리정돈하다 片づける

🎤 　　　　　　부분에 알맞은 단어를 넣어 말해 보세요.

（예） **ほこり** 먼지

→ 家具の ほこりを 払います。 가구의 먼지를 털어요.

❶ 肩の 　　　 を 払います。 어깨의 눈 을 털어요.

❷ 犬が 体の 　　　 を 払います。 개가 몸의 물 을 털어요.

❸ 手で 　　　 を 払います。 손으로 모기 를 쫓아요.

❹ ハエたたきで 　　　 を 払います。 파리채로 파리 를 쫓아요.

（예） **カビ** 곰팡이

→ 風呂の カビを とります。 욕실의 곰팡이를 없애요.

❺ ちりとりで 　　　 を とります。 쓰레받기로 쓰레기 를 치워요.

❻ リモコンの 　　　 を とります。 리모컨의 더러운 때 를 빼요.

❼ 洗濯物の 　　　 を とります。 세탁물의 얼룩 을 빼요.

❽ 鍋の 　　　 を とります。 냄비의 탄 자국 을 지워요.

정답　❶ゆき　❷みず　❸か　❹ハエ
　　　❺ゴミ　❻よごれ　❼しみ　❽こげ

Day 60

ぞうきんがけは
いや!

걸레질은 싫어!

우선, ① 창문을 열고 방 ② 환기를 시켜요. ③ 상쾌한 바람이 들어와서, 기분 좋다! ④ 가구의 먼지를 털어요. 콜록콜록! ⑤ 먼지가 꽤 쌓여 있었던 것 같네. ⑥ 마루에 청소기를 돌려요. 이상하네~! ⑦ 먼지를 전혀 빨아들이지 않아. ⑧ 걸레질을 해요. 무릎과 허리가 아파! 앞으로는 ⑨ 자루걸레로 닦자. ⑩ 욕실청소를 해요. ⑪ 욕실에 곰팡이가 피어 있어서, ⑫ 곰팡이를 없애요. ⑬ 집안일은 분담하는 거 아니었나? 모두 어디에 있는 거지. ⑭ 도움이 안돼!

まず、① 窓を 開けて 部屋の ② 換気を します。③ さわやかな 風が 入って きて、気持ち いい! ④ 家具の ほこりを 払います。ゲホゲホ! ⑤ ほこりが ずいぶん たまって いた みたい。⑥ 床に 掃除機を かけます。おかしいなあー! ⑦ ゴミを 全然 吸わない。⑧ 雑巾がけを します。ひざと 腰が 痛い! これからは ⑨ モップで 拭こう。⑩ 風呂掃除を します。⑪ 風呂に カビが 生えて いたので、⑫ カビを とります。⑬ 家事は 分担するんじゃ なかったっけ? みんな どこに いるんだ。⑭ 役立たず!

😀 몰랐어요!

일본어로 '청소기를 켜다 / 끄다'의 표현은?
- 掃除機の スイッチを 入れる / 切る
- 掃除機の スイッチを オンに する / オフに する

부분에 알맞은 단어를 넣어 말해 보세요.

(예) **ぶんたんする** 분담하다

➡ **ぶんたんするんじゃ** なかったっけ？ 분담하는 거 아니었어?

① 一緒に _____ なかったっけ？

같이 정리하는 거 아니었어?

② 部屋は モップで _____ なかったっけ？

방은 자루걸레로 닦는 거 아니었어?

③ ベーキングソーダと お酢で エコ _____

なかったっけ？ 베이킹 소다랑 식초로 친환경 청소하는 거 아니었어?

(예) **すう** 빨아들이다

➡ **ゴミを 全然 すわない**。 먼지를 전혀 빨아들이지 않아.

④ ほこりが 全然 _____ 。 먼지가 전혀 쌓이지 않아 .

⑤ 換気を 全然 _____ 。 환기를 전혀 시키지 않아 .

⑥ 掃除機を 全然 _____ 。 청소기를 전혀 돌리지 않아 .

⑦ 風が 全然 _____ 。 바람이 전혀 들어 오지 않아 .

정답 ① かたづけるんじゃ ② ふくんじゃ ③ そうじ するんじゃ
④ たまらない ⑤ しない ⑥ かけない ⑦ はいって こない

안에 알맞은 표현을 넣어 보세요.

1 복부비만이라면 탄수화물은 줄이는 편이 좋아.

なら 炭水化物は 控えた 方が いい。

2 맞을지 어떨지 모르겠어요.

どうか わかりません。

3 거친 피부가 신경 쓰여요.

が 気に なって います。

4 얼굴이 하얘지고, 반들반들해요.

顔が 、 つるつるです。

5 숱이 적다.

髪が 。

6 머리를 기르고 싶어서.

髪を 。

7 빨래가 산더미예요.

洗濯物が です。

8 그냥 돌리기만 하면 되는 게 아니에요.

ただ だけの もんじゃないです。

9 가구의 먼지를 털어요.

家具の を 払います。

10 먼지를 전혀 빨아들이지 않아.

ゴミを 全然 。

 정답 **1** メタボ **2** あうか **3** はだあれ **4** しろく なっていて **5** うすい
6 のばしたくて **7** やまづみ **8** まわす **9** ほこり **10** すわない

女性 あなたが 読書を するなんて、珍しいね。

男性 僕、最近 この 本に ハマってるんだ。何度 繰り返し 読んで
も 飽きないよ。

女性 あなたの 趣味って、水泳じゃなかったの？

男性 それは ダイエットの ため！ 特に 好きじゃないよ。

女性 そうなんだ。私は どっちかと いうと、アウトドア派なんで。

男性 へえ-！ 何が 好き？

女性 野球観戦とか、サッカー観戦とか。やるのは 好きじゃない
けど、見るのは 好き。

男性 えっ？ 観戦も アウトドア派って 言える？

여자　네가 독서를 하다니, 웬일이야.

남자　나, 요즘 이 책에 푹 빠져 있어. 몇 번 반복해서 읽어도 질리지 않아.

여자　네 취미는, 수영 아니었어?

남자　그건 다이어트를 위해서! 특별히 좋아하지는 않아.

여자　그렇구나. 나는 굳이 말하면 아웃도어파라서.

남자　오호~! 뭘 좋아해?

여자　야구 관람이라든가, 축구 관람이라든가. 하는 건 안 좋아하지만, 보는 건 좋아해.

남자　어? 관람도 아웃도어파라고 말할 수 있어?

Day 61

ぶんべつごみ

분리수거

① 쓰레기 버리는 곳
ゴミ置き場

분리수거 **分別ごみ**

수거일 **収集日**

② 일반 쓰레기
**燃えるごみ /
可燃ごみ**

③ 불연성 쓰레기
**燃えないごみ /
不燃ごみ**

음식물 쓰레기 **生ごみ**

재활용 **リサイクル**

재활용 쓰레기 **資源ごみ**

대형 폐기물 **粗大ごみ**

④ 종이류 **紙類**

⑤ 캔류 **缶類**

⑥ 유리병류 **ビン類**

⑦ 페트병 **ペットボトル**

종이상자 **段ボール**

오늘의 표현

쓰레기를 내놓다 **ごみを 出す** | 물기를 빼다 **水分を 切る** | 수거전용용기 **収集専用容器**

투입하다 **投入する** | 접수센터에 예약하다 **受付センターに 予約する**

현관 앞에 내놓다 **玄関先に 出す** | 상표를 떼다 **ラベルを はがす**

뚜껑을 떼어 내다 **キャップを 外す** | 가볍게 헹구다 **軽く すすぐ** | 말리다 **乾かす**

찌그러뜨리다 **つぶす** | 끈으로 꽉 묶다 **ひもで しっかり しばる**

🎙️ **부분에 알맞은 단어를 넣어 말해 보세요.**

예 **しゅうしゅうび** 수거일

→ <u>しゅうしゅうび</u>って いつですか。<u>수거일</u>은 언제인가요?

① ＿＿＿＿って 資源ごみですか。

종이상자 는 재활용 쓰레기인가요?

② ＿＿＿＿って 粗大ごみですか。 가구 는 대형 폐기물인가요?

③ ＿＿＿＿って 生ごみですか。 조개껍데기 는 음식물 쓰레기인가요?

④ ＿＿＿＿って 紙類ですか。

컵라면 뚜껑 은 종이류인가요?

─────────────────────

예 **げつ、もく** 월, 목

→ 燃えるごみは げつ、もく 週2回です。

일반 쓰레기는 <u>월, 목</u> 일주일에 2번입니다.

⑤ 燃えないごみは ＿＿＿＿です。

불연성 쓰레기는 둘째 주 금요일 입니다.

⑥ ペットボトルは ＿＿＿＿です。

페트병은 매주 수요일 입니다.

⑦ 紙類は ＿＿＿＿です。 종이류는 아침 8시까지 입니다.

─────────────────────

정답 ❶ だんボール ❷ かぐ ❸ かいがら ❹ カップめんの ふた
❺ だいに きんよう ❻ まいしゅう すいよう ❼ あさ はちじまで

Day 62

しゅうしゅうびって いつ?

수거일은 언제?

〈① 분리수거의 배출 방법〉

1. ② 음식물 쓰레기는 물기를 충분히 뺍니다. ③ 수거전용용기에 음식물 쓰레기만을 투입해주세요.

2. ④ 대형 폐기물은 접수센터에 전화로 예약합니다. ⑤ 수거일에 현관 앞에 대형 폐기물을 내놔주세요.

3. ⑥ 병류, 캔류, 페트병은 ⑦ 상표를 떼고, ⑧ 뚜껑을 떼어 냅니다. 안을 ⑨ 가볍게 물로 헹구고, ⑩ 말리고 나서 페트병은 ⑪ 찌그려뜨려 내놔주세요.

4. ⑫ 종이상자나 신문 등의 ⑬ 종이류는 끈으로 꽉 묶어서 내놔주세요.

<① 分別ごみの 出し方>

1. ② 生ごみは 水分を 十分に 切ります。③ 収集専用容器に 生ごみだけを 投入して ください。

2. ④ 粗大ごみは 受付センターに 電話で 予約します。⑤ 収集日に 玄関先に 粗大ご みを 出して ください。

3. ⑥ ビン類、缶類、ペットボトルは ⑦ ラベルを はがして、⑧ キャップを 外します。中を ⑨ 軽く 水で すすいで、⑩ 乾かしてから ペットボトルは ⑪ つぶして 出して ください。

4. ⑫ 段ボールや 新聞などの ⑬ 紙類は ひもで しっかり しばって 出して ください。

😊 몰랐어요!

- はがす　（풀이나 테이프 등으로 붙인 상태를 젖혀서) 떼다, 떼어 내다
- 外す　（나사나 끼워 놓은 상태를) 떼다, 이탈하다

예 **きる** (물기를) 빼다

➡️ 生ごみは 水分を **きります**。음식물 쓰레기는 물기를 <u>뺍니다</u>.

❶ 燃えるごみは 指定袋に _____ 。

일반 쓰레기는 종량제 봉투에 넣습니다 .

❷ 資源ごみは 決まった 日に _____ 。

재활용 쓰레기는 정해진 날에 내놓습니다 .

❸ 粗大ごみは 電話で _____ 。

대형 폐기물은 전화로 예약합니다 .

예 **かわかす** 말리다

➡️ よく <u>かわかしてから</u> 出して ください。

잘 말리고 나서 내놔주세요.

❹ キャップを _____ 出して ください。

뚜껑을 떼어내고 나서 내놔주세요.

❺ ラベルを _____ 出して ください。

상표를 떼고 나서 내놔주세요.

❻ 軽く 水で _____ 出して ください。

가볍게 물로 헹구고 나서 내놔주세요.

정답
❶ いれます ❷ だします ❸ よやく します
❹ はずしてから ❺ はがしてから ❻ すすいでから

スーパーで
おかいもの

슈퍼에서 장보기

대형 마트 大型スーパー

① 냉동식품 冷凍食品

할인 割引き

② 40% 할인 4割引き

균일 가격 均一価格

③ 초저가 激安

④ 타임 세일 タイムセール

⑤ 특별 가격 特売

골라잡아 3팩
よりどり 3パック

⑥ 무 大根

⑦ 양상추 レタス

세제 洗剤

오늘의 표현

가계부는커녕 家計簿はおろか ｜ 쓸데없는 것 ムダな もの

사재기하다 買いだめ する ｜ 절약 모드로 들어가다 ケチモードに 入る

이득이다 お得だ ｜ 다음 주 것까지 사다 来週の 分も 買う

꼭 사야 돼 買わないと ｜ 지금이 제철이다 今が 旬だ

갓 수확하다 とれた ばかりだ ｜ 둘 다 사다 両方 買う

친환경 세제 環境に 優しい 洗剤 ｜ 내일부터 열심히 하다 明日から 頑張る

(예) **かけいぼ** 가계부

→ かけいぼはおろか、買_かいだめ しちゃった。

가계부는커녕, 사재기해버렸어.

❶ 家_{いえ}に _____ はおろか、お米_{こめ}も ない。

집에 반찬 은커녕, 쌀도 없어.

❷ _____ はおろか、外国産_{がいこくさん}も ない。 국내산 은커녕, 외국산도 없어.

❸ 近_{ちか}くに _____ はおろか、コンビニも ない。

근처에 대형 마트 는커녕, 편의점도 없어.

❹ _____ はおろか、コーヒーを 飲_のむ 時間_{じかん}も ない。

 식사 는커녕, 커피를 마실 시간도 없어.

(예) **よんわりびき** 40% 할인

→ よんわりびきで、激安_{げきやす}です。 40% 할인으로, 초저가예요.

❺ _____ で、タイムセール中_{ちゅう}です。

 20% 할인 으로, 타임 세일 중이에요.

❻ _____ で、特売_{とくばい}です。 반값 으로, 특별 가격이에요.

❼ _____ で、均一価格_{きんいつかかく}です。

 골라잡아 3팩 천 엔 으로, 균일 가격이에요.

정답 ❶ おかず ❷ こくさん ❸ おおがたスーパー ❹ しょくじ
❺ にわりびき ❻ はんがく ❼ よりどり 3パック せんえん

かいだめ しちゃった

사재기해버렸어

요즘, ① 가계부는커녕 쓸데없는 것까지 ② 사재기해버렸어요. 오늘부터는 제대로 ③ 절약 모드로 들어가자. 앗, ④ 냉동식품은 40% 할인이다. 이건 ⑤ 이득이야! ⑥ 다음 주 것까지 사버리자. 앗, ⑦ 골라잡아 3팩 1000엔! 이건 ⑧ 꼭 사야 돼. ⑨ 지금은 무가 제철인 데다가, 이 ⑩ 양상추는 아침에 갓 수확해서 신선해. ⑪ 둘 다 사버리자. 이건 ⑫ 친환경 세제가 아냐. 좀 비싸지만, 이쪽으로 하자. 절약은 ⑬ 내일부터 열심히 하자!

最近、① 家計簿はおろか ムダな ものまで ② 買いだめ しちゃったんです。今日からは ちゃんと ③ ケチモードに 入ろう。あっ、④ 冷凍食品は 4割引きだ。これは ⑤ お得！ ⑥ 来週の 分も 買っちゃおう。あっ、⑦ よりどり 3パック 1,000円！ これは ⑧ 買わない と。⑨ 今は 大根が 旬だし、この ⑩ レタスは 朝 とれた ばかりで 新鮮。⑪ 両方 買っ ちゃおう。これは ⑫ 環境に 優しい 洗剤じゃない。ちょっと 高いけど、こっちに しよう。 節約は ⑬ 明日から 頑張ろう！

😀 몰랐어요!

일본어로 '슈퍼의 여러 매장'의 표현은?

- 野菜 売り場 채소 매장
- 果物 売り場 과일 매장
- お惣菜 売り場 반찬 매장

- 精肉 売り場 정육 매장
- 鮮魚 売り場 생선 매장
- 日用品 売り場 생활용품 매장

🎤 　　　부분에 알맞은 단어를 넣어 말해 보세요.

예 **はいる** 들어가다

➜ ケチモードに <u>はいろう</u>。절약 모드로 들어가자.

❶ 来週の 分も 　　　　　。 다음 주 것까지 사자 .

❷ 両方 　　　　　。 둘 다 사버리자 .

❸ こっちに 　　　　　。 이쪽으로 하자 .

❹ 明日から 　　　　　。 내일부터 열심히 하자 .

예 **とれる** 수확하다, 따다

➜ りんごは <u>とれた ばかりで</u> 新鮮。

사과는 <u>갓 수확해서</u> 신선해.

❺ レタスは 　　　　　 シャキッとする。

양상추는 산지 얼마 안 돼서 아삭아삭해.

❻ 冷蔵庫から 　　　　　 冷たい。

냉장고에서 금방 꺼내서 차가워.

❼ この 店は 　　　　　 きれい。

이 가게는 생긴지 얼마 안 돼서 깨끗해.

 정답　❶ かおう　❷ かっちゃおう　❸ しよう　❹ がんばろう
❺ かった ばかりで　❻ だした ばかりで　❼ できた ばかりで

Day 65

カップめん

컵라면

① 컵라면 カップ麺

② 설명서 説明文

③ 뚜껑 フタ

　화살표 矢印

④ 안쪽 선 内側の 線

⑤ 분말수프 粉末スープ

시치미 七味(고춧가루 등
7가지 맛이 들어간 향신료)

주전자 やかん

끓는 물 熱湯

오늘의 표현

만드는 법 作り方 ｜ 설명서를 읽다 説明文を 読む

읽지 않아도 (해결)된다 読まずに 済む ｜ 조리 방법 調理方法

화상 주의 やけど注意 ｜ 절반 떼어 내다 半分 はがす ｜ 꺼내다 取り出す

먼저 넣다 先に 入れる ｜ 끓는 물을 붓다 熱湯を 注ぐ ｜ 뚜껑을 닫다 フタを する

(젓가락 등으로) 젓다 かき混ぜる ｜ 완성 出来上がり

기호에 맞게 뿌리다 お好みで かける ｜ 드십시오 お召し上がり ください

🎙️ **부분에 알맞은 단어를 넣어 말해 보세요.**

예 フタ 뚜껑

➡️ <u>フタ</u>を 半分 はがしたい。 뚜껑을 절반 떼어 내고 싶어.

1 ＿＿＿＿ を きれいに はがしたい。 비닐 을 깨끗하게 벗기고 싶어.

2 ＿＿＿＿＿＿ を きれいに はがしたい。

페트병 상표 를 깨끗하게 벗기고 싶어.

3 ＿＿＿＿ を きれいに はがしたい。

스티커 를 깨끗하게 뜯어내고 싶어.

예 やじるし 화살표

➡️ <u>やじるし</u>まで フタを はがして ください。

화살표까지 뚜껑을 떼어 내세요.

4 ＿＿＿＿ まで お湯を 注いで ください。

별 표시 까지 뜨거운 물을 부으세요.

5 ＿＿＿＿ まで 説明を 読んで ください。

동그라미 표시 까지 설명을 읽으세요.

6 ＿＿＿＿ まで 入れて ください。

당구장 표시 까지 넣으세요.

정답
1 ビニール　　**2** ペットボトルの ラベル　　**3** シール
4 ほしじるし　　**5** まるじるし　　**6** こめじるし

ふたを して ごふん

뚜껑을 덮고 5분

① 컵라면을 만들 때, ② 만드는 법이 나온 ③ 설명서를 매번 읽는 사람은 없을 거라고 생각해요.
만드는 법은 매우 간단하기 때문에, 한번 읽으면, 다음부터는 ④읽지 않고 해결될 거예요.
〈⑤ 조리 방법〉 ※ ⑥ 화상 주의
1. ⑦ 뚜껑을 화살표까지 절반 떼어 내고, ⑧ 시치미와 분말수프를 꺼낸다.
2. 분말수프를 ⑨ 먼저 넣고, ⑩ 끓는 물을 안쪽 선까지 천천히 붓는다.
3. ⑪ 뚜껑을 덮고 5분 후, 가볍게 ⑫ 저어서 완성.
4. 마지막으로 시치미를 ⑬ 기호에 맞게 뿌려서 ⑭ 드십시오.

① カップ麺を 作る 時、② 作り方の ③ 説明文を 毎回 読む 人は いないと 思います。
作り方は とても 簡単なので、一度 読んだら、次からは ④ 読まずに 済むでしょう。
＜⑤ 調理方法＞ ※⑥やけど注意
1. ⑦フタを 矢印まで 半分 はがし、⑧ 七味と 粉末スープを 取り出す。
2. 粉末スープを ⑨ 先に 入れ、⑩ 熱湯を 内側の 線まで ゆっくり 注ぐ。
3. ⑪フタを して 5分後、軽く ⑫ かき混ぜて 出来上がり。
4. 最後に 七味を ⑬ お好みで かけて ⑭ お召しあがり ください。

😊 몰랐어요!

일본어로 '出す'와 '取り出す'의 차이는?

• 出す   내다 (안에 있던 것을 밖으로 드러내다)

• 取り出す 꺼내다 (안에 있던 것들 사이에서 골라, 밖으로 집어 빼내다)

부분에 알맞은 단어를 넣어 말해 보세요.

예 **よむ** 읽다 ··· **よまない** 읽지 않다

➔ <u>よまずに</u> 済むでしょう。 <u>읽지 않고</u> 해결될 거예요.

1 　　　　　　 済むでしょう。 사용하지 않고　해결될 거예요.

2 　　　　　　 済むでしょう。 젓지 않고　해결될 거예요.

3 　　　　　　 済むでしょう。 화상 입지 않고　해결될 거예요.

4 　　　　　　 済むでしょう。 뚜껑을 닫지 않고　해결될 거예요.

＊[예외] する의 경우만 せずに!

예 **かける** 뿌리다

➔ お好みで かけて お召し上がり ください。

기호에 맞게 <u>뿌려서</u> 드십시오.

5 お好みで 　　　　　 お召し上がり ください。

기호에 맞게 넣어서　드십시오.

6 お好みで 　　　　　 お召し上がり ください。

기호에 맞게 찍어서　드십시오.

7 お好みで 　　　　　 お召し上がり ください。

기호에 맞게 부어서　드십시오.

 정답 **1** つかわずに　**2** かきまぜずに　**3** やけど せずに　**4** フタを せずに
5 いれて　**6** つけて　**7** そそいで

てりょうり

직접 만든 요리

❶ 부엌 台所(だいどころ)

❷ 싱크대 流(なが)し(台(だい))

❸ 가스레인지 こんろ

　식탁 食卓(しょくたく)

❹ 전기밥솥 炊飯器(すいはんき)

❺ 냄비 鍋(なべ)

❻ 부엌칼 包丁(ほうちょう)

❼ 도마 まな板(いた)

　고기 감자조림 肉(にく)じゃが

❽ 당근 にんじん

❾ 식용유 サラダ油(あぶら)

　맛술 みりん

　설탕 砂糖(さとう)

　간장 醤油(しょうゆ)

오늘의 표현

껍질을 벗기다 皮(かわ)を むく ｜ 한입 크기로 자르다 一口(ひとくち) サイズに 切(き)る

냄비를 가열하다 鍋(なべ)を 熱(ねっ)する ｜ 소고기를 굽다 牛肉(ぎゅうにく)を 焼(や)く ｜ 양쪽 면 両面(りょうめん)

노릇노릇 구워지다 焼(や)き色(いろ)が つく / きつね色(いろ)に なる ｜ 볶다 炒(いた)める

잠길 정도의 물 かぶる くらいの 水(みず) ｜ 추가하다, 첨가하다 加(くわ)える

푹 끓이다, 푹 조리다 煮込(にこ)む ｜ 거품을 걷어내다 あくを 取(と)る

2큰술 大(おお)さじ 2杯(はい) ｜ 강한 불, 센불 強火(つよび) ｜ 약한 불, 약불 弱火(よわび)

🎤 　　　　 부분에 알맞은 단어를 넣어 말해 보세요.

예 **ひとくち サイズ** 한입 크기

➡ にんじんを **ひとくち サイズ**に 切^きります。

당근을 한입 크기로 잘라요.

① 玉^{たま}ねぎを ＿＿＿＿＿ に 切^きります。 양파를 　반　 으로 잘라요.

② とり肉^{にく}を ＿＿＿＿＿ に 切^きります。

닭고기를 　8등분　 으로 잘라요.

③ キャベツを ＿＿＿＿＿ に します。 양배추를 　채썰기　 해요.

④ にんにくを ＿＿＿＿＿ に します。 마늘을 　다지기　 해요.

예 **おおさじ 2はい** 2큰술

➡ 醤油^{しょう ゆ}を **おおさじ 2はい** 加^{くわ}えます。 간장을 2큰술 추가해요.

⑤ みりんを ＿＿＿＿＿ 加^{くわ}えます。 맛술을 　1작은술　 추가해요.

⑥ 塩^{しお}コショウを ＿＿＿＿＿ 加^{くわ}えます。

소금후추를 　조금　 추가해요.

⑦ お酢^すを ＿＿＿＿＿ 加^{くわ}えます。

식초를 　2분의 1컵　 추가해요.

⑧ サラダ油^{あぶら}を ＿＿＿＿＿ 加^{くわ}えます。 식용유를 　적당량　 추가해요.

정답
① はんぶん　**②** はっとうぶん　**③** せんぎり　**④** みじんぎり
⑤ こさじ いち　**⑥** しょうしょう　**⑦** にぶんの いち カップ　**⑧** てきりょう

Day 68

にものの ていばん!

조림의 기본!

오늘은 ① 고기 감자조림으로 해야지. ② 감자와 당근은 껍질을 벗기고, ③ 한입 크기로 잘라요.
④ 냄비의 식용유를 가볍게 가열한 후, 먼저 ⑤ 소고기를 구워요. ⑥ 양쪽 면이 노릇노릇 구워지면,
⑦ 꺼내요. 같은 냄비에 감자가 ⑧ 노릇노릇 해질 때까지 ⑨ 볶아요.
그리고 나서 당근과 구운 소고기를 넣고, ⑩ 잠길 정도의 물을 추가해서, ⑪ 강한 불로 푹 조려요.
⑫ 거품을 걷어내고, ⑬ 설탕과 맛술과 간장을 ⑭ 2큰술씩 첨가해요. ⑮ 약한 불에서 4~5분 푹 조리면,
완성이에요.

今日は ① 肉じゃがに しよう。② じゃがいもと にんじんは 皮を むいて、③ 一口 サイズに
切ります。④ 鍋の サラダ油を 軽く 熱した 後で、先に ⑤ 牛肉を 焼きます。⑥ 両面に
焼き色が ついたら、⑦ 取り出します。同じ鍋で じゃがいもが ⑧ きつね色に なるまで
⑨ 炒めます。
それから にんじんと 焼いた 牛肉を 入れて、⑩ かぶる くらいの 水を 加えて、⑪ 強火で
煮込みます。⑫ あくを 取って、⑬ 砂糖と みりんと 醤油を ⑭ 大さじ 2杯ずつ 加えます。
⑮ 弱火で 4~5分 煮込んだら、出来上がりです。

몰랐어요!

일본어로 '요리 종류'는?

• 煮る 조리다 ➡ 煮物 조림
• 焼く 굽다 ➡ 焼き物 구이
• 炒める 볶다 ➡ 炒め物 볶음
• 揚げる 튀기다 ➡ 揚げ物 튀김
• 漬ける 절이다 ➡ 漬物 절임

부분에 알맞은 단어를 넣어 말해 보세요.

예 **にこむ** 푹 조리다

→ 強火(つよび)で にこんだら、 出来上(できあ)がり！
강한 불에서 푹 조리면, 완성!

1 強火(つよび)で _____ 、 出来上(できあ)がり！

강한 불에서 볶으면 , 완성!

2 丸(まる)ごと _____ 、 出来上(できあ)がり！ 통째로 삶으면 , 완성!

3 弱火(よわび)で _____ 、 出来上(できあ)がり！ 약한 불에서 구우면 , 완성!

4 片栗粉(かたくりこ)を まぶして _____ 、 出来上(できあ)がり！

전분가루를 묻혀서 튀기면 , 완성!

예 **むく** 벗기다

→ 皮(かわ)を むいて、 切(き)ります。껍질을 벗겨서, 잘라요.

5 うすく _____ 、 鍋(なべ)に 入(い)れます。얇게 잘라서 , 냄비에 넣어요.

6 鍋(なべ)に 一気(いっき)に _____ 、 焼(や)きます。냄비에 한꺼번에 넣고 , 구워요.

7 水(みず)を _____ 、 煮込(にこ)みます。물을 추가해서 , 푹 조려요.

정답 **1** いためたら **2** ゆでたら **3** やいたら **4** あげたら
5 きって **6** いれて **7** くわえて

Day 69

ケータイ

휴대폰

❶ 스마트폰 スマホ
(スマートフォンの준말)

❷ 배경화면
待ち受け画面

메인화면 ホーム画面

잠금화면 ロック画面

벨소리 着メロ

진동 マナーモード

10:24

셀카 自撮り

부재중 전화 1통
不在着信一件

❸ 어플 アプリ

음성 메시지 1건
留守番電話一件

영상통화 ビデオ通話

❹ 90% 충전완료
90%充電済み

오늘의 표현

휴대폰 ケータイ(携帯電話의 준말) ㅣ 폴더폰 ガラケー

액정화면이 깨지다 液晶画面が 割れる ㅣ 기종변경을 하다 機種変更を する

기능이 너무 많다 機能が ありすぎる ㅣ 충전하다 充電する ㅣ 배터리가 나가다 電池が 切れる

이미지 사진으로 바꾸다 画像に 変える ㅣ ~순으로 터치하다 ~順に タップする

개인설정 個人設定 ㅣ 친구가 생기다 友達が できる ㅣ 적외선 통신 赤外線通信

메일 주소랑 전화번호 교환을 하다 メルアドや 電話番号の 交換を する

(＊ 일본의 휴대폰은 '적외선 통신' 기능을 사용하여 서로의 메일 주소, 전화번호 등을 교환해요.)

부분에 알맞은 단어를 넣어 말해 보세요.

예 **きのう** 기능

→ ケータイの きのうが ありすぎて。 휴대폰 기능이 너무 많아서.

❶ ケータイの　　　　　　　　　が ありすぎて。

휴대폰 　요금제　 가 너무 많아서.

❷ ケータイの　　　　　が ありすぎて。 휴대폰 　기종　 이 너무 많아서.

❸ 新しい　　　　　が ありすぎて。 새 　어플　 이 너무 많아서.

❹ かわいい　　　　　が ありすぎて。

귀여운 　이모티콘　 이 너무 많아서.

예 **えきしょう** 액정

→ えきしょうが 割れちゃって。 액정이 깨져버려서.

❺　　　　　が 割れちゃって。 　계란　 이 깨져버려서.

❻　　　　　が 割れちゃって。 　땅　 이 깨져버려서 = 갈라져서.

❼　　　　　が 割れちゃって。 　의견　 이 깨져버려서 = 나뉘어져서.

❽　　　　　が 割れちゃって。 　신원　 이 깨져버려서 = 숨겼던 신원이 드러나서.

 정답 ❶りょうきん プラン ❷きしゅ ❸アプリ ❹スタンプ
❺たまご ❻じめん ❼いけん ❽みもと

えきしょうが われた

액정이 깨졌어

① 휴대폰의 ② 액정화면이 깨져버려서, 새 ③ 스마트폰으로 ④ 기종변경을 했어요. 요즘 휴대폰은 ⑤ 기능이 여러 가지로 너무 많아서, 잘 모르겠어요. 휴대폰을 ⑥ 충전한 후에, ⑦ 배경화면을 좋아하는 ⑧ 이미지 사진으로 바꿔요. ⑨ 메인 화면에서 ⑩ 어플 일람, ⑪ 개인설정 순으로 터치하는 것만으로, 간단하게 바꿀 수 있어요.
오늘은 새 ⑫ 친구도 생겼어요. ⑬ 적외선 통신으로 ⑭ 메일 주소랑 전화번호 교환을 해요.

①ケータイの ②液晶画面が 割れちゃって、新しい ③スマホに ④機種変更を しました。最近の ケータイは ⑤機能が 色々 ありすぎて、よく わかりません。ケータイを ⑥充電した 後で、⑦待ち受け画面を 好きな ⑧画像に 変えます。⑨ホーム画面から ⑩アプリ一覧、⑪個人設定の 順に タップ するだけて、簡単に 変えられます。
今日は 新しい ⑫友達も できました。⑬赤外線通信で ⑭メルアドや 電話番号の 交換を します。

😊 몰랐어요!

일본어로 '스마트폰 용어'는?

• 읽음 既読	• 읽지 않음 未読	• 답장 返信	• 보내기(송신) 送信
• 받기(수신) 受信	• 삭제 削除	• 누르기 押す	• 길게 누르기 長押し
• 밀기 スワイプ	• 터치하기 タップ	• 확대 ピンチアウト	• 축소 ピンチイン

예 **じゅうでん する** 충전하다

➡ <u>じゅうでん した</u> 後^{あと}で、 します。 충전한 후에, 할게요.

❶ _____ 後^{あと}で、 します。

배터리가 나간 후에, 할게요.

❷ _____ 後^{あと}で、 します。

진동으로 한 후에, 할게요.

❸ _____ 後^{あと}で、 します。 친구가 생긴 후에, 할게요.

예 **タップ する** 터치하다

➡ <u>タップ するだけで</u>、 簡単^{かんたん}に 変^かえられます。
터치하는 것만으로, 간단하게 바꿀 수 있어요.

❹ この ボタンを _____ 、 毎回^{まいかい} 50円^{えん} 稼^{かせ}げます。

이 버튼을 누르는 것만으로 , 매번 50엔 벌 수 있어요.

❺ この アプリを _____ 、 クーポンが

もらえます。 이 어플을 다운받는 것만으로 , 쿠폰을 받을 수 있어요.

❻ この 動画^{どうが}を _____ 、 勉強^{べんきょう}に なります。

이 동영상을 보는 것만으로 , 공부가 돼요.

정답 ❶でんちが きれた ❷マナーモードに した ❸ともだちが できた
❹おすだけで ❺ダウンロード するだけで ❻みるだけで

안에 알맞은 표현을 넣어 보세요.

1 일반 쓰레기는 월, 목 일주일에 2번입니다.

　　　　　　は 月、木 週2回です。

2 음식물 쓰레기는 물기를 뺍니다.

生ごみは 水分を 　　　　　。

3 가계부는커녕, 사재기해버렸어.

家計簿はおろか、 　　　　　しちゃった。

4 사과는 갓 수확해서 신선해.

りんごは 　　　　　新鮮。

5 화살표까지 뚜껑을 떼어 내세요.

　　　　　まで フタを はがして ください。

6 읽지 않고 해결될 거예요.

　　　　　済むでしょう。

7 당근을 한입 크기로 잘라요

にんじんを 　　　　　に 切ります。

8 강한 불에서 푹 조리면, 완성!

強火で 　　　　　、 出来上がり!

9 휴대폰 요금제가 너무 많아서.

ケータイの 　　　　　　　が ありすぎて。

10 이 어플을 다운받는 것만으로, 쿠폰을 받을 수 있어요.

この アプリを 　　　　　　、 クーポンが もらえます。

 정답 1 もえるごみ 2 きります 3 かいだめ 4 とれた ばかりで 5 やじるし 6 よまずに
7 ひとくち サイズ 8 にこんだら 9 りょうきん プラン 10 ダウンロード するだけで

일본 1위

日_に 本_{ほん} 一_{いち}

1 일본에서 면적이 가장 큰 행정구역 1위는?

　힌트　일본의 가장 북쪽에 있으며, 면적은 83,456km² ➡ ○○道_{どう}

2 일본에서 가장 높은 산 1위는?

　힌트　만년설로 유명한 활화산이며, 높이는 표고 3,776m ➡ ○○山_{さん}

3 일본에서 가장 긴 강 1위는?

　힌트　나가노(長野_{なが の}) 지역과 니가타(新潟_{にい がた}) 지역의 경계를 흐르는 강이며, 길이는 367km
　　　➡ ○○川_{がわ}

4 일본에서 가장 큰 호수 1위는?

　힌트　전세계에서 카스피해와 바이칼호 다음으로 오래된 호수이며, 시가(滋賀_{し が}) 지역에
　　　있는 비파 모양의 호수로 면적은 670.25km² ➡ ○○湖_こ

5 일본에서 가장 긴 역 이름 1위는?

　힌트　쿠마모토(熊本_{くまもと}) 지역의 역이며, 히라가나로 글자수 22자 ➡ ○○駅_{えき}

 정답
1 홋카이도 北海道_{ほっかいどう} **2** 후지 산 富士山_{ふ じ さん} **3** 시나노 강 信濃川_{しな の がわ} **4** 비와 호 びわ湖_こ
5 미나미아소미즈노우마레루사토하쿠스이코우겐 역 南阿蘇水の生まれる里白水高原駅_{みなみ あ そ みず う さと はくすいこうげんえき}

パソコン

컴퓨터

① 신형 컴퓨터 新型パソコン

슬림형 노트북
薄型ノートパソコン

태블릿 タブレット

② 작업 중 作業中

입력 入力

③ 잘라내기
切り取り / カット

④ 복사하기 コピー

⑤ 붙여넣기
貼り付け / ペースト

⑥ 저장 保存

삭제 削除

오늘의 표현

컴퓨터를 켜다(부팅하다) パソコンを 起動する / パソコンを 立ち上げる

(컴퓨터가) 느려지다 動きが 遅く なる / パソコンが 重く なる

(컴퓨터를) 끄다 シャットダウン する ｜ 프로그램을 깔다 ソフトを 入れる

재부팅하다 再起動する ｜ 동영상을 틀다 動画を 見る

바로 다운되다 すぐ 電源が 落ちる ｜ 용량이 크다 容量が 大きい

(데이터가) 날아가 버리다 飛んじゃう ｜ 바이러스에 감염되다 ウイルスに 感染する

백신 프로그램 ウイルス対策ソフト ｜ 프린터기를 연결하다 プリンターを つなぐ

🎤 부분에 알맞은 단어를 넣어 말해 보세요.

예 パソコン 컴퓨터

→ <u>パソコン</u>が 重^{おも}い。 컴퓨터가 무거워 = 작동이 느려.

❶ ◻◻◻ が 重^{おも}い。 동영상 이 무거워 = 자꾸 끊겨.

❷ ◻◻◻ が 重^{おも}い。 발 이 무거워 = 발걸음이 안 떨어져.

❸ ◻◻◻ が 重^{おも}い。 마음 이 무거워 = 마음이 불편해.

❹ ◻◻◻ が 重^{おも}く なる。 눈꺼풀 이 무거워져 = 졸려.

예 きどう 부팅

→ <u>きどう</u>も できません。 부팅도 안 돼요.

❺ ◻◻◻ も できません。 끄기 도 안 돼요.

❻ ◻◻◻ も できません。 문자 입력 도 안 돼요.

❼ ◻◻◻ も できません。 저장 도 안 돼요.

❽ ◻◻◻ も できません。 파일 압축 도 안 돼요.

정답 ❶ どうが　❷ あし　❸ き　❹ まぶた
❺ シャットダウン　❻ もじ にゅうりょく　❼ ほぞん　❽ ファイルの あっしゅく

パソコンが おもい

컴퓨터가 느려

며칠 전에 ① 백신 프로그램을 깐 이후 쭉, ② 컴퓨터가 느려졌어요. ③ 부팅이 느려져서 짜증나네요. 게다가 ④ 동영상을 틀면 ⑤ 바로 다운되어 버렸어요. 아마도 ⑥ 데이터 용량이 크기 때문이겠지요. 오늘은 ⑦ 재부팅도 ⑧ 끄는 것도 안 돼요. ⑨ 저장하지 않았는데, ⑩ 작업 중인 파일이 전부 ⑪ 날아가 버렸어요. 꼭 서두를 때만 이렇다니까.

この 前 ① ウイルス対策ソフトを 入れて 以来、② パソコンが 重く なりました。③ 起動が 遅く なって イライラ します。しかも ④ 動画を 見ると ⑤ すぐ 電源が 落ちちゃいました。たぶん ⑥ データの 容量が 大きいからでしょう。今日は ⑦ 再起動も ⑧ シャットダウンも できません。⑨ 保存してないのに、⑩ 作業中の ファイルが 全部 ⑪ 飛んじゃいました。急いでる 時に 限って、こうなんだから。

😊 몰랐어요!

일본어로 '압축 파일'의 표현은?

- 압축 파일 圧縮ファイル
- 파일을 압축하다 ファイルを 圧縮する
- 압축 파일을 풀다 圧縮ファイルを 解凍する
- 압축 파일을 다른 이름으로 저장 圧縮ファイルを 名前をつけて 保存

부분에 알맞은 단어를 넣어 말해 보세요.

예 **ほぞん する** 저장하다

→ <u>ほぞん してない</u>のに、飛んじゃいました。
저장하지 않았는데, 날아가 버렸어요.

① ＿＿＿＿＿＿＿＿のに、飛んじゃいました。
백업 받지 않았 는데, 날아가 버렸어요.

② ソフトを＿＿＿＿＿のに、電源が落ちちゃいました。
프로그램을 깔지 않았 는데, 다운되어 버렸어요.

③ ウイルスに＿＿＿＿＿＿＿のに、電源が落ちちゃいました。바이러스에 감염되지 않았 는데, 다운되어 버렸어요.

예 **いそぐ** 서두르다 ⋯ **いそいでる** 서두르고 있다

→ <u>いそいでる</u> 時に限って、こうなんだから。
꼭 서두를 때만, 이렇다니까.

④ ＿＿＿＿時に限って、渋滞なんだから。
꼭 서두를 때만, 정체라니까.

⑤ 買い物に＿＿＿時に限って、休みなんだから。
꼭 장보러 갈 때만, 쉬는 날이라니까.

⑥ ペンを＿＿＿時に限って、ないんだから。
꼭 펜을 사용할 때만, 없다니까.

---

 ① バックアップ してない　**②** いれてない　**③** かんせん してない
④ いそいでる　**⑤** いく　**⑥** つかう

インターネット

인터넷

공유기 ルーター

접속 接続(せつぞく)

❶ 검색 検索(けんさく)

실시간 검색
リアルタイム検索(けんさく)

댓글 コメント

악성 댓글
悪意(あくい)のある コメント

악플 쇄도 炎上(えんじょう)

(인터넷 상) 화제가 되다
バズる

불펌 無断(むだん)コピー

공유하기 シェア

익명 匿名(とくめい)

누리꾼 ネットユーザー

개인정보 個人情報(こじんじょうほう)

계정 도용 不正(ふせい)ログイン

오늘의 표현

인터넷 검색으로 찾다 ネット検索(けんさく)で 探(さが)す ｜ 클릭 하나로 クリック 一(ひと)つで

싸게 팔고 있는 사이트 安(やす)く 売(う)ってる サイト ｜ 즐겨찾기에 추가 お気(き)に入(い)りに 登録(とうろく)

블로그를 갱신하다 ブログを 更新(こうしん)する ｜ 동영상을 올리다 動画(どうが)を アップする

이미지를 붙여 넣다 画像(がぞう)を 貼(は)り付(つ)ける ｜ 방문자 수가 늘다 アクセス数(すう)が 増(ふ)える

쓸데없는 말 한마디 余計(よけい)な 一言(ひとこと) ｜ 블로그를 그만두다 ブログを やめる

인터넷 상 ネット上(じょう) ｜ (올린 글을) 내리다, 삭제하다 削除(さくじょ)する

🎙️ [   ] 부분에 알맞은 단어를 넣어 말해 보세요.

예 **ひとこと** 말 한마디

➡ <ruby>余計<rt>よけい</rt></ruby>な <u>ひとこと</u>です。 쓸데없는 말 한마디예요.

❶ <ruby>余計<rt>よけい</rt></ruby>な [   ]です。 쓸데없는 　걱정　 이에요.

❷ <ruby>余計<rt>よけい</rt></ruby>な [   ]です。 쓸데없는 　정보　 예요.

❸ <ruby>余計<rt>よけい</rt></ruby>な [   ]です。 쓸데없는 　참견　 이에요.

❹ <ruby>余計<rt>よけい</rt></ruby>な [   ]です。 쓸데없는 　발언　 이에요.

예 **アクセスすう** 방문지 수

➡ <u>アクセスすう</u>が かなり <ruby>増<rt>ふ</rt></ruby>えました。
방문자 수가 제법 늘었어요.

❺ [   ]が かなり <ruby>増<rt>ふ</rt></ruby>えました。

　팔로워 수　 가 제법 늘었어요.

❻ [   ]が かなり <ruby>増<rt>ふ</rt></ruby>えました。 　접속　 이 제법 늘었어요.

❼ [   ]が <ruby>少<rt>すこ</rt></ruby>し <ruby>増<rt>ふ</rt></ruby>えました。 　댓글　 이 조금 늘었어요.

❽ [   ]が <ruby>少<rt>すこ</rt></ruby>し <ruby>増<rt>ふ</rt></ruby>えました。 　불펌　 이 조금 늘었어요.

정답 **❶** しんぱい　**❷** じょうほう　**❸** おせわ　**❹** はつげん
❺ フォロワーすう　**❻** せつぞく　**❼** コメント　**❽** むだんコピー

えんじょう した!

악플 쇄도야!

지금은 뭐든지 ① 인터넷 검색으로 찾을 수 있고, ② 클릭 하나로 뭐든지 살 수 있는 시대예요.
가장 ③ 싸게 팔고 있는 사이트는 ④ 즐겨찾기에 추가해요. 요즘은 매일 ⑤ 블로그를 갱신하게 되었어요.
맨 처음에는 어떻게 ⑥ 동영상을 올리는지, 어떻게 ⑦ 이미지를 붙여 넣는지, 전혀 몰랐어요. 하지만,
지금은 익숙해져서, ⑧ 방문자 수도 제법 늘었어요.
⑨ 인터넷 상은 ⑩ 익명이기 때문에, 마음 편해요. 하지만, 가끔은 ⑪ 쓸데없는 말 한마디로, ⑫ 악플이
쇄도해서 ⑬ 블로그를 그만두는 사람도 있어요.

今は 何でも ① ネット検索で 探せて、② クリック 一つで 何でも 買える 時代です。
一番 ③ 安く 売ってる サイトは ④ お気に入りに 登録します。最近は 毎日 ⑤ ブログを
更新する ように なりました。最初は どうやって ⑥ 動画を アップするのか、どうやって ⑦
画像を 貼り付けるのか、全然 わかりませんでした。でも、今は 慣れて きて、⑧ アクセ
ス数も かなり 増えました。
⑨ ネット上は ⑩ 匿名だから、気楽です。でも、たまに ⑪ 余計な 一言で、⑫ 炎上して
⑬ ブログを やめる 人も います。

😃 몰랐어요!

일본어로 'ググる'의 의미는?

- ググる 'Google[グーグル]で 検索する 구글(검색엔진)에서 검색하다'의 준말

  예 今、ググってみる？ 지금 구글에서 찾아 볼까?

🎤 **부분에 알맞은 단어를 넣어 말해 보세요.**

예 **かう** 사다 … **かえる** 살 수 있다

→ ネットで **かえる** 時代です。 인터넷에서 살 수 있는 시대예요.

① ネットで ＿＿＿ 時代です。 인터넷에서 찾을 수 있는 시대예요.

② ネットで 何でも ＿＿＿ 時代です。

인터넷에서 뭐든지 말할 수 있는 시대예요.

③ ネットで 自由に ＿＿＿ 試験です。

인터넷에서 자유롭게 신청할 수 있는 시험이에요.

예 **する** 하다

→ 更新する ように なりました。 갱신하게 되었어요.

④ ブログを ＿＿＿ なりました。

블로그를 하게 되었어요.

⑤ 動画を ＿＿＿ なりました。

동영상을 올리게 되었어요.

⑥ コメントに ＿＿＿ なりました。

댓글에 답글 달게 되었어요.

정답 **①** さがせる **②** はなせる **③** もうしこめる
④ するように **⑤** アップするように **⑥** へんじするように

Day 75

えきの かいさつぐち

역 개찰구

지하철 地下鉄

역 駅

① 발매기 券売機

② 터치 스크린
タッチパネル

교통카드
乗車カード / ICカード

③ 안내방송 アナウンス

1일 승차권 一日乗車券

표 切符

노선도 路線図

④ 개찰구 改札口

단말기
カードリーダー / 改札機

오늘의 표현

지하철을 타다 地下鉄に 乗る ｜ 전철로 갈아타다 電車に 乗り換える

교통카드를 충전하다 ICカードを チャージ する ｜ 여기저기 다니다 あちこち 行く

~쪽이 이득이다 ~の 方が お得だ ｜ 인명사고 人身事故

운행을 일시 중단하다 運転を 見合わせる ｜ 안내방송이 나오다 アナウンスが 流れる

카드를 대다 カードを タッチ する ｜ 개찰구를 통과하다 改札口を 通る

개찰구에서 걸리다 改札口で 引っかかる ｜ 표를 넣다 切符を 入れる

(＊ '지하철(地下鉄)'은 '지하'로만, '전철(電車)'은 '지상'으로만 다니며, 일본에서는 이 두 개를 엄연히
다른 교통수단으로 생각하고 있어요.)

부분에 알맞은 단어를 넣어 말해 보세요.

예 **うんてん** 운전, 운행

➡ <u>うんてん</u>を 見合わせます。 <u>운행</u>을 일시 중단하겠습니다.

❶ ＿＿＿＿を 見合わせます。 시합 을 일시 중단하겠습니다.

❷ ＿＿＿＿を 見合わせます。 발송 을 일시 중단하겠습니다.

❸ ＿＿＿＿を 見合わせます。 출발 을 일시 중단하겠습니다.

예 **いちにち じょうしゃけん** 1일 승차권

➡ <u>いちにち じょうしゃけん</u>の 方が お得です。

<u>1일 승차권</u> 쪽이 이득이에요.

❹ ＿＿＿＿の 方が お得です。 프리패스 쪽이 이득이에요.

❺ ＿＿＿＿の 方が お得です。 전철 쪽이 이득이에요.

❻ ＿＿＿＿の 方が お得です。 교통카드 쪽이 이득이에요.

❼ ＿＿＿＿＿＿＿＿の 方が お得です。

신용카드 쪽이 이득이에요.

 정답 ❶ しあい ❷ はっそう ❸ しゅっぱつ
❹ フリーパス ❺ でんしゃ ❻ ICカード ❼ クレジットカード

かいさつきに ピッ!

개찰구 단말기에 삑!

① 지하철을 타기 전에, ② 교통카드를 충전해요. 잠깐! 오늘은 ③ 여기저기 갈 예정이라서, ④ 1일 승차권 쪽이 이득이에요.
지금 ⑤ 인명사고로, ⑥ 운행을 일시 중단한다는 ⑦ 안내방송이 (흘러)나오고 있어요.
요즘 ⑧ 발매기는 전부 ⑨ 터치스크린이에요. ⑩ 개찰구의 ⑪ 단말기에 표를 삑 하고 대며, ⑫ 통과해요.
앗, ⑬ 걸렸어요. 맞다! 표는 터치가 아니라, ⑭ 넣는 거였지.

① 地下鉄に 乗る 前に、 ② ICカードを チャージ します。ちょっと 待って! 今日は ③ あちこち 行く 予定なんで、④ 一日乗車券の 方が お得です。
今 ⑤ 人身事故で、⑥ 運転を 見合わせると いう ⑦ アナウンスが 流れてます。
最近の ⑧ 券売機は 全部 ⑨ タッチパネルです。⑩ 改札口の ⑪ 改札機に 切符を ピッと タッチ して、⑫ 通ります。あっ、⑬ 引っかかりました。そうだ! 切符は タッチじゃ なくて、⑭ 入れるんだった。

몰랐어요!

일본어로 다양한 '乗車券 (승차권)'의 표현은?

지역에 따라 다양한 혜택의 승차권이 있어요.

- 定期券 정기권
- 一日乗車券 1일 승차권
- 土休日割引券 토·휴일 할인권

- フリーパス 프리패스
- ワンデーパス 1day 패스
- 回数券 회수권

부분에 알맞은 단어를 넣어 말해 보세요.

（예）**いく** 가다

➡ あちこち <u>いく</u> 予定なんで。 여기저기 갈 예정이라서.

❶ 地下鉄に ＿＿＿ 予定なんで。 지하철을　탈　예정이라서.

❷ 電車に ＿＿＿ 予定なんで。 전철로　갈아탈　예정이라서.

❸ ちょっと ＿＿＿ 予定なんで。 잠시　기다릴　예정이라서.

（예）**いれる** 넣다

➡ そうだ！ <u>いれる</u>んだった。 맞다! 넣는 거였지.

❹ そうだ！ ＿＿＿ んだった。 맞다!　통과하는　거였지.

❺ そうだ！ ＿＿＿ んだった。 맞다!　터치하는　거였지.

❻ そうだ！ ＿＿＿ んだった。 맞다!　충전하는　거였지.

❼ そうだ！ ＿＿＿ んだった。 맞다!　문은 미는　거였지.

정답 ❶ のる　　❷ のりかえる　❸ まつ
❹ とおる　　❺ タッチ する　❻ チャージ する　❼ ドアは おす

ちかてつの なか

지하철 안

❶ 손잡이 吊り革

❷ 안전봉 手すり

❸ 그물 선반 網棚

❹ 노약자석 優先席

❺ 임산부 妊婦さん

❻ 노인, 어르신 お年寄り

❼ 내리는 문 降り口

오른편 右側

왼편 左側

❽ 전철 광고 中吊り

(＊「中吊り」는「中吊り広告」의 준말로 전철이나 버스 등 차량 내의 천장에 매다는 광고)

오늘의 표현

무리하게 뛰어 들어가다 駆け込む | 무리한 승차 금지 駆け込み 禁止

문틈에 끼이다 ドアに 挟まる | 잡아 당기다 引っ張る | 빠지다 抜ける

다음 역 次の 駅 | 문이 열리다 ドアが 開く | 그물 선반에 올리다 網棚に のせる

앞에 서다 前に 立つ | 자리에 앉다 席に 座る

정신이 들다, 생각이 미치다 気が 付く | 자리를 양보하다 席を 譲る

예 **にんぷさん** 임산부

➡ 前の <u>にんぷさん</u>に 譲ります。앞에 있는 <u>임산부</u>에게 양보해요.

❶ 前の _____ に 譲ります。앞에 있는 어르신 에게 양보해요.

❷ 前の _____ に 譲ります。앞에 있는 어린이 에게 양보해요.

❸ 前の _____ に 譲ります。

앞에 있는 장애인 에게 양보해요.

예 **ゆうせんせき** 노약자석

➡ 気が 付いたら、 **ゆうせんせき**でした。

정신이 들고 보니, <u>노약자석</u>이었어요.

❹ 気が 付いたら、 _____ でした。

정신이 들고 보니, 종점 이었어요.

❺ 気が 付いたら、 _____ でした。

정신이 들고 보니, 반대방향 이었어요.

❻ 気が 付いたら、 _____ でした。

정신이 들고 보니, 다음 역 이었어요.

＊~たら ~더니(문장의 순서 강조)

정답 ❶おとしより ❷こども ❸しょうがいしゃ
❹しゅうてん ❺はんたい ほうこう ❻つぎの えき

かけこみ きんし

무리한 승차 금지

지하철에 ① 무리하게 뛰어 들어갔더니, 가방이 ② 문틈에 끼어버렸어요. ③ 잡아당겨도 ④ 빠지지 않아요. 안내 방송에서 '⑤ 다음 역의 ⑥ 내리실 문은 ⑦ 오른편입니다.'라고 해요. 가방이 끼인 건 왼편인데. 드디어, ⑧ 왼쪽 문이 열렸어요. ⑨ 그물 선반에 가방을 올리고, 곧 내릴 것 같은 사람 ⑩ 앞에 서요. 럭키~! 앞사람이 내렸어요. ⑪ 자리에 앉아서 ⑫ 정신이 들고 보니, ⑬ 노약자석이었어요. 앞에 있는 ⑭ 임산부에게 ⑮ 자리를 양보해요.

地下鉄に ① 駆け込んだら、かばんが ② ドアに 挟まっちゃいました。③ 引っ張っても ④ 抜けません。アナウンスで「⑤ 次の 駅の ⑥ 降り口は ⑦ 右側です。」と 言ってます。かばんが 挟まってるのは 左側なのに。やっと、⑧ 左側の ドアが 開きました。⑨ 網棚に かばんを のせて、すぐ 降りそうな 人の ⑩ 前に 立ちます。ラッキー！ 前の 人が 降りました。⑪ 席に 座って ⑫ 気が 付いたら、⑬ 優先席でした。前の ⑭ 妊婦さんに ⑮ 席を 譲ります。

😄 몰랐어요!

일본어로 '優先席 (노약자석)'에 써 있는 표현?

- お年寄りの 方　　　연세 드신 분
- 体の 不自由な 方　　몸이 불편하신 분
- 妊娠して いる 方　　임신하신 분
- 乳幼児をお連れの 方　영유아를 동반하신 분

🎤 **부분에 알맞은 단어를 넣어 말해 보세요.**

예 **おりる** 내리다 ⋯ **おります** 내립니다

➜ すぐ <u>おり</u>そうな 人^{ひと}。 곧 내릴 것 같은 사람.

❶ すぐ ⬚⬚⬚⬚ そうな 人^{ひと}。 곧 자리에서 일어날 것 같은 사람.

❷ すぐ ⬚⬚⬚ そうな 人^{ひと}。 곧 양보할 것 같은 사람.

❸ すぐ ⬚⬚⬚ そうな 人^{ひと}。 바로 울 것 같은 사람.

❹ すぐ ⬚⬚⬚ そうな 人^{ひと}。 곧 앉을 것 같은 사람.

예 **ひっぱる** 잡아당기다

➜ <u>ひっぱっても</u> 抜^ぬけません。 <u>잡아당겨도</u> 빠지지 않아요.

❺ ドアに ⬚⬚⬚⬚ 大丈夫^{だいじょうぶ}です。

문에 끼여도 괜찮아요.

❻ ドアが ⬚⬚⬚⬚ 誰^{だれ}も 降^おりません。

문이 열려도 아무도 내리지 않아요.

❼ 席^{せき}を ⬚⬚⬚⬚ 座^{すわ}りません。

자리를 양보해도 앉지 않아요.

정답
❶ せきを たち   **❷** ゆずり   **❸** なき   **❹** すわり
❺ はさまっても   **❻** ひらいても   **❼** ゆずっても

Day 79

バスの のりかた

버스 타는 법

❶ 입구 入口

❷ 출구 出口

앞문 前扉 / 前の ドア

뒷문 中扉 / 後ろの ドア

정리권(순번표) 整理券

교통카드 ICカード

❸ 단말기 カードリーダー

❹ 운임 표시기 運賃表示機

요금함 運賃箱

정기권 定期券

현금 現金

운전사 運転手

오늘의 표현

버스가 멈추다 バスが 止まる ｜ 문이 열리다 扉が 開く ｜ 승차하다 乗車する

문 옆 扉横 ｜ 정리권(순번표)을 뽑다 整理券を 取る ｜ 1장 一枚

교통카드를 사용하다 ICカードを 使う ｜ 단말기에 대다 カードリーダーに タッチ する

요금(운임)을 확인하다 運賃を 確認する ｜ 요금함에 넣다 運賃箱に 入れる

알아보기 쉽게 わかりやすく ｜ 운전사에게 제시하다 運転手に 提示する

🎙 　　　　　 부분에 알맞은 단어를 넣어 말해 보세요.

예 **いりぐち** 입구

➜ <u>いりぐち</u>から 入^{はい}ります。 입구로 들어가요.

❶ 　　　　　 から 入^{はい}ります。 뒷문 으로 들어가요.

❷ 　　　　　 から 降^おります。 출구 로 내려요.

❸ 　　　　　 から 降^おります。 앞문 으로 내려요.

예 **ていきけん** 정기권

➜ <u>ていきけん</u>の 場合^{ば あい}、 整理券^{せい り けん}を 取^とります。
정기권의 경우, 정리권(순번표)을 뽑습니다.

❹ 　　　　　 の 場合^{ば あい}、 運転手^{うんてんしゅ}に 提示^{てい じ}します。

프리패스 의 경우, 운전사에게 제시합니다.

❺ 　　　　　 の 場合^{ば あい}、 カードリーダーに タッチ します。

교통카드 의 경우, 단말기에 댑니다.

❻ 　　　　　 の 場合^{ば あい}、 運賃箱^{うんちんばこ}に 入^いれます。

현금 의 경우, 요금함에 넣습니다.

정답
❶ なかとびら　❷ でぐち　❸ まえとびら
❹ フリーパス　❺ ICカード　❻ げんきん

バスは せいりけんを!

버스는 정리권을!

① 버스가 멈추고 ② 문이 열리면, ③ 뒷문으로 승차합니다.
④ 현금이나 ⑤ 정기권으로 승차할 경우는, ⑥ 문 옆의 ⑦ 정리권(순번표)을 1장 뽑습니다.
⑧ 교통카드를 사용할 경우는 문 옆의 ⑨ 단말기에 댑니다. 앞에 있는 ⑩ 운임 표시기에서,
⑪ 요금(운임)을 확인합니다.
내릴 때에 정리권(순번표)과 요금(운임)을 함께 ⑫ 요금함에 넣습니다. 교통카드의 경우는, 단말기에
댑니다. 정기권은 ⑬ 운전사에게 ⑭ 알아보기 쉽게 ⑮ 제시합시다.

① バスが 止まって ② 扉が 開くと、③ 中扉から 乗車します。
④ 現金や ⑤ 定期券で 乗車する 場合は、⑥ 扉横の ⑦ 整理券を 一枚 取ります。
⑧ ICカードを 使う 場合は 扉横の ⑨ カードリーダーに タッチ します。前の ⑩ 運賃表示
機で、⑪ 運賃を 確認します。
降りる 時に 整理券と 運賃を 一緒に ⑫ 運賃箱に 入れます。ICカードの 場合は、カ
ードリーダーに タッチ します。定期券は ⑬ 運転手に ⑭ わかりやすく ⑮ 提示しましょう。

😃 몰랐어요!

일본의 버스에는 '両替機(환전기)'가 있어요.

현금으로 요금을 지불할 때, 잔돈이 없을 경우는 요금함 옆의 환전기를 이용해 보세요.

단, 지폐의 경우 천 엔짜리 지폐만 환전 가능해요.

부분에 알맞은 단어를 넣어 말해 보세요.

예 **わかる** 알다, 알아보다 ··· **わかります** 알아봅니다

➡ **わかり**やすく。 알아 보기 쉽게.

① _____やすく。 뽑기 쉽게.

② _____やすく。 사용하기 쉽게.

③ _____やすく。 확인하기 쉽게.

④ _____やすく。 제시하기 쉽게.

예 **とまる** 멈추다

➡ **バスが** **とまって** **扉が** **開く**。 버스가 멈추고 문이 열린다.

⑤ **扉が** _____ **乗車する**。 문이 열리고 승차한다.

⑥ **乗車** _____ **整理券を取る**。 승차 하고 정리권(순번표)을 뽑는다.

⑦ **運賃箱に** _____ **降りる**。 요금함에 넣고 내린다.

정답 **①**とり **②**つかい **③**かくにんし **④**ていじし
⑤ひらいて **⑥**して **⑦**いれて

안에 알맞은 표현을 넣어 보세요.

1 컴퓨터가 작동이 느려.

パソコンが [   ]。

2 저장하지 않았는데, 날아가 버렸어요.

[   ] のに、飛んじゃいました。

3 방문자 수가 제법 늘었어요.

[   ] が かなり 増えました。

4 인터넷에서 자유롭게 신청할 수 있는 시험이에요.

ネットで 自由に [   ] 試験です。

5 출발을 일시 중단하겠습니다.

出発を [   ]。

6 맞다! 터치하는 거였지.

そうだ! [   ] んだった。

7 앞에 있는 임산부에게 양보해요.

前の [   ] に 譲ります。

8 잡아당겨도 빠지지 않아요.

[   ] 抜けません。

9 정기권의 경우, 정리권(순번표)을 뽑습니다.

[   ] の 場合、整理券を 取ります。

10 버스가 멈추고 문이 열린다.

バスが [   ] 扉が 開く。

 정답 ❶おもい ❷ほぞん してない ❸アクセスすう ❹もうしこめる ❺みあわせます
❻タッチ する ❼にんぷさん ❽ひっぱっても ❾ていきけん ❿とまって

女性 さっきから ずっと ケータイばかり いじって いて、本当に もう なんなの！

男性 違う違う！ さっき、餃子が 食べたいって 言ってたから、あとで 一緒に 行く 店を 検索して いただけだよ。

女性 わー、うれしい！ でも、今日は 私が 手料理を 振る舞うよ。

男性 手料理？ 何を 作って くれるの？

女性 もちろん 餃子だよ。 まずは、スーパーに 買い物に 行こう。

男性 いいよ。ところで 餃子は 作った こと ある？

女性 料理は 生まれてはじめて。ネットで レシピ、検索して くれる？

男性 えっ？ 今日は 冷凍餃子に しない？

여자　아까부터 계속 휴대폰만 만지작거리고, 정말로 이게 뭐야!

남자　아냐 아냐! 아까, 만두가 먹고 싶다고 해서, 나중에 같이 갈 가게를 검색하고 있었을 뿐이야.

여자　와~ 기뻐! 하지만, 오늘은 내가 직접 요리할 거야.

남자　직접 만드는 요리? 뭘 만들어 줄 건데?

여자　당연히 만두지. 우선은, 슈퍼에 장보러 가자.

남자　좋아. 그런데 만두는 만든 적 있어?

여자　요리는 태어나서 처음이야. 인터넷에서 레시피, 검색해 줄래?

남자　어? 오늘은 냉동만두로 할까?

Day 81

バスの なか

버스 안

손잡이 **吊り革**

❶ 안전봉 **手すり**

❷ 차내(버스 안) **車内**

안내방송
アナウンス / 案内放送

버스 정류장
バス停 / バス乗り場

❸ 하차 벨 **降車ボタン**

❹ 운행시간표
運行時刻表 / ダイヤ

❺ 빈자리 **空席**

통화중 **通話中**

잊은 물건 **忘れ物**

오늘의 표현

이용해 주시다 **ご利用 いただく** | 진심으로 **誠に** | 급정차하다 **急停車する**

브레이크를 밟다 **ブレーキを かける** | 꼭, 제대로 **しっかりと**

통화를 삼가다 **通話を 控える** | 손잡이에 매달리다, 손잡이를 잡다 **吊り革に つかまる**

다른 손님 **他の お客様** | 민폐가 되다 **迷惑と なる** | 근처에 있는 **近くに ある**

하차 벨을 누르다 **降車ボタンを 押す** | 일어서는 것은 위험하다 **立ち上がるのは 危険だ**

🎤 　　　　　　　**부분에 알맞은 단어를 넣어 말해 보세요.**

(예) **わすれもの** 잊은 물건

→ わすれものが ないか 確認_{かくにん}しましょう。

잊은 물건이 없는지 확인합시다.

❶ 　　　　　　　が ないか 確認_{かくにん}しましょう。

　빈자리　가 없는지 확인합시다.

❷ 　　　　　　　が ないか 確認_{かくにん}しましょう。

　손잡이　가 없는지 확인합시다.

❸ 　　　　が ないか 確認_{かくにん}しましょう。

　운행시간표　가 없는지 확인합시다.

(예) **ごりよう** 이용

→ ごりよう いただき、 ありがとうございます。

이용해 주셔서, 감사합니다.

❹ 　　　　　　　いただき、 ありがとうございます。

　배려　해 주셔서, 감사합니다.

❺ 　　　　　　　いただき、 ありがとうございます。

　보내　주셔서, 감사합니다.

❻ 　　　　　　　いただき、 ありがとうございます。

　알려　주셔서, 감사합니다.

정답　❶ くうせき　❷ つりかわ　❸ ダイヤ
　　　　❹ ごはいりょ　❺ おおくり　❻ ごしさ

しゃない マナー

버스 안 매너

오늘도 도쿄버스를 ① 이용해 주셔서, ② 진심으로 감사합니다. 버스는 ③ 급정차하거나, ④ 급브레이크를 밟는 경우가 있습니다. ⑤ 빈자리가 없을 경우에는 ⑥ 손잡이나 안전봉을 꼭 잡읍시다. ⑦ 버스 안에서의 ⑧ 통화는 ⑨ 다른 손님의 민폐가 되므로, ⑩ 삼갑시다. 버스에서 내릴 때는 ⑪ 근처에 있는 ⑫ 하차 벨을 누릅니다. ⑬ 잊은 물건이 없는지 꼭 확인합시다. 버스가 ⑭ 정차하기 전에 ⑮ 일어서면 위험합니다. 버스가 정차하고, 문이 열리고 나서, 일어서서, 내립시다.

今日も 東京バスを ① ご利用 いただき、② 誠に ありがとうございます。バスは ③ 急停車したり、④ 急ブレーキを かける 場合が あります。⑤ 空席が ない 場合は ⑥ 吊り革や 手すりに しっかりと つかまりましょう。⑦ 車内での ⑧ 通話は ⑨ 他の お客様の ご迷惑と なるので、⑩ 控えましょう。バスから 降りる 時は ⑪ 近くに ある ⑫ 降車ボタンを 押します。⑬ 忘れ物が ないか しっかりと 確認しましょう。バスが ⑭ 停車する 前に ⑮ 立ち上がると 危険です。バスが 停車して、扉が 開いてから、立ち上がり、降りましょう。

😀 몰랐어요!

일본 'バス(버스)'는?

- 路線バス 노선버스
- シャトルバス 셔틀버스
- 深夜バス 심야버스
- 夜行バス 야간버스

- 観光バス 관광버스
- 送迎バス (호텔 등의) 마중 배웅 버스
- 高速バス (ハイウェイバス) 고속버스
- 貸し切りバス 전세버스

부분에 알맞은 단어를 넣어 말해 보세요.

예 ていしゃ する 정차하다

→ <u>ていしゃ してから</u>、扉が 開きます。

<u>정차하고</u> 나서 문이 열립니다.

① 扉が ⬚⬚⬚⬚ から、立ち上がります。

문이 **열리고** 나서, 일어섭니다.

② 忘れ物を ⬚⬚⬚⬚ から、降ります。

잊은 물건을 **확인하고** 나서, 내립니다.

③ アナウンスを ⬚⬚⬚ から、降車ボタンを 押します。

안내방송을 **듣고** 나서, 하차 벨을 누릅니다.

예 ブレーキを かける 브레이크를 밟다

→ しっかりと <u>ブレーキを かけましょう</u>。

제대로 <u>브레이크를 밟읍시다</u>.

④ しっかりと 手すりに ⬚⬚⬚⬚⬚ 。

제대로 안전봉을 **잡읍시다** .

⑤ しっかりと 降車ボタンを ⬚⬚⬚⬚ 。

제대로 하차 벨을 **누릅시다** .

⑥ しっかりと ダイヤを ⬚⬚⬚⬚ 。

제대로 운행시간표를 **확인합시다** .

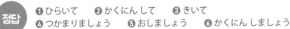 **정답** ① ひらいて　② かくにんして　③ きいて
④ つかまりましょう　⑤ おしましょう　⑥ かくにん しましょう

レンタカー

렌터카

🚗 렌터카 **レンタカー**　　　　대여 수속 **貸出の手続き**

출발 일시	**出発日時**	반납 일시 **返却日時**
출발장소	**出発場所**	
반납장소	**返却場所**	□ 타 지역 반납 **乗り捨て**
차종	**車のタイプ**	□ 경차 **軽自動車**　　□ 소형 **コンパクトカー**
		□ 중형 **スタンダード**　　□ 고급 **高級車**
		□ SUV **SUV**　　□ 저공해 자동차 **エコカー**
옵션 추가	**オプション追加**	□ 금연차 **禁煙車**　　□ 흡연차 **喫煙者**
		□ 하이패스 **ETC**　　□ 고객부담금 면제 **免責補償**
		□ 내비게이션 **カーナビ**　　□ 유아용 카시트 **チャイルドシート**

오늘의 표현

초저가로 평판이 나다 **激安で評判だ** | 렌터카업체 **レンタカー屋さん**

대체로 하루에 만 엔 **大体一日1万円** | 다른 곳보다 **他の所より**

싸다 **安い** | ~포함 **~付** | 선택하다 **選択する** | 없어도 되다 **なくてもいい**

차량을 체크하다 **車両をチェックする** | 휘발유는 가득 **ガソリンは満タン**

주유하다 **給油する** | 기본이라고 한다 **基本だそうだ**

🎙 **부분에 알맞은 단어를 넣어 말해 보세요.**

예 **ガソリン** 휘발유

→ **ガソリン、満タンで お願いします。** 휘발유, 가득이요.

❶ ＿＿＿＿＿、満タンで お願いします。

일반 휘발유 , 가득이요.

❷ ＿＿＿＿＿、満タンで お願いします。 고급 휘발유 , 가득이요.

❸ ＿＿＿＿＿、満タンで お願いします。 경유 , 가득이요.

예 **けいじどうしゃ** 경차

→ **車の タイプは けいじどうしゃに します。**
차종은 경차로 해요.

❹ 車の タイプは ＿＿＿＿＿ に します。

차종은 소형차 로 해요.

❺ 車の タイプは ＿＿＿＿＿ に します。

차종은 중형차 로 해요.

❻ 車の タイプは ＿＿＿＿＿ に します。 차종은 저공해 자동차 로 해요.

정답 ❶ レギュラー　❷ ハイオク　❸ けいゆ
❹ コンパクトカー　❺ スタンダード　❻ エコカー

ETC つき

하이패스 포함

여기는 ① 초저가로 평판이 난 렌터카업체예요. ② 대체로 하루에 만 엔 정도 하는데, 여기라면 하루에 4,980엔 정도면 돼서, ③ 다른 곳보다 싸요. 우선은 ④ 대여 수속을 해요. ⑤ 반납은 타 지역 반납으로 해요. ⑥ 차종은 경차의 저공해 자동차로. ⑦ 옵션은 금연차, 고객부담금 면제, 하이패스 포함으로 선택해요. ⑧ 내비게이션은 없어도 되겠지. 수속이 끝난 후에는 렌터카 ⑨ 차량을 체크해요. ⑩ 휘발유는 가득이에요. 반납할 때도, ⑪ 주유하고 나서 반납하는 것이 ⑫ 기본이라고 해요.

ここは ① 激安で 評判の レンタカー屋さんです。 ② 大体 一日 1万円ぐらい するのが、 ここだと 一日 4,980円に なって いて、③ 他の 所より 安いです。 まずは ④ 貸出の 手続きを します。 ⑤ 返却は 乗り捨てに します。 ⑥ 車の タイプは 軽自動車の エコカーに。 ⑦ オプションは 禁煙車、免責補償、ETC付を 選択します。 ⑧ カーナビは なくても いいかな。 手続きが 終わった 後は レンタカーの ⑨ 車両を チェック します。 ⑩ ガソリンは 満タンです。 返却の 時も、⑪ 給油してから 返却するのが ⑫ 基本だそうです。

😊 몰랐어요!

일본어로 '렌터카의 대여와 반납'시 필요한 것은?

1. 国際免許証 국제 면허증 (곳에 따라서는 국내 면허증을 함께 요구하기도 해요.)

2. パスポート 여권

3. ガソリンスタンドの レシート 주유소 영수증 (반납할 때 가득 넣었는지 확인용으로 제출하는 곳이 많아요.)

부분에 알맞은 단어를 넣어 말해 보세요.

예 **ある** 있다 ⋯ **ない** 없다

→ カーナビは <u>なくても</u> いいかな。 내비게이션은 <u>없어도</u> 되겠지.

1 予約は　　　　　　　　 いいかな。 예약은 안 해도 되겠지.

2 レンタカーは　　　　　　　　 いいかな。

렌터카는 안 빌려도 되겠지.

3 ETCは　　　　　　　　 いいかな。

하이패스는 사용 안 해도 되겠지.

4 免責補償は　　　　　　　　 いいかな。

고객부담금 면제 보험은 안 들어도 되겠지.

예 **きゅうゆ する** 주유하다

→ <u>きゅうゆ してから</u>、返却します。 주유하고 나서, 반납해요.

5 車両を　　　　　　　　、借ります。

차량을 체크하고 나서 , 빌려요.

6 　　　　　　　　、運転します。

대여 수속을 하고 나서 , 운전해요.

7 オプションを　　　　　　　　、手続きします。

옵션을 선택하고 나서 , 수속해요.

정답 **1** しなくても **2** かりなくても **3** つかわなくても **4** はいらなくても
5 チェック してから **6** かしだしの てつづきを してから **7** せんたく してから

Day 85

うんてん

운전

① 운전석 運転席
② 조수석 助手席
③ 뒷좌석 後部座席
④ 안전벨트 シートベルト

장롱면허
　ペーパードライバー

⑤ 핸들 ハンドル

비상등 ハザードランプ

⑥ 깜박이등 ウィンカー

⑦ 와이퍼 ワイパー

급브레이크 急ブレーキ

⑧ 블랙박스
　ドライブレコーダー

오늘의 표현

핸들을 잡다 ハンドルを 握る ┃ 졸음운전은 위험하다 居眠り運転は やばい

운전을 바꾸다 運転を 変わる ┃ 외길(갈라지는 길이 없음) 一本道 ┃ 길이 막히다 道が 混む

부딪치다 ぶつける ┃ 주의하다 気を 付ける ┃ 교통정체를 빠져 나오다 渋滞を 抜け出す

액셀을 밟다 アクセルを 踏む ┃ 브레이크를 밟다 ブレーキを かける

거친 일면을 보다 乱暴な 一面を 見る ┃ 경찰이 차를 세우다 警察に 止められる

속도위반 スピード違反 ┃ 딱지를 떼이다 切符を 切られる

부분에 알맞은 단어를 넣어 말해 보세요.

예 **いねむり** 졸음

➡ <u>いねむり</u>運転は やばい。 졸음운전은 위험해.

① ＿＿＿運転は やばい。 음주 운전은 위험해.

② ＿＿＿運転は やばい。 한눈팔면서 하는 운전은 위험해.

③ ＿＿＿運転は 迷惑。 느릿느릿 운전은 민폐야.

④ ＿＿＿運転は 当たり前。 안전 운전은 당연해.

예 **ペーパードライバー** 장롱면허

➡ <u>ペーパードライバー</u>にしては 上手です。
장롱면허치고는 능숙해요.

⑤ ＿＿＿にしては 安いです。 휘발유 치고는 싸요.

⑥ ＿＿＿にしては 優しすぎです。 경찰 치고는 너무 상냥해요.

⑦ ＿＿＿にしては 後部座席が 広いです。

경차 치고는 뒷좌석이 넓어요.

 정답 ❶ いんしゅ ❷ わきみ ❸ ノロノロ ❹ あんぜん
❺ ガソリン ❻ けいさつ ❼ けいじどうしゃ

ペーパードライバー

장롱면허

① 핸들을 잡으면 항상 졸려져요. ② 졸음운전은 위험하다고 생각해서, ③ 조수석의 친구가 운전을 바꿔줬어요. 그는 ④ 장롱면허라고 해요. 괜찮아! 여기는 ⑤ 외길인 데다가, 지금은 ⑥ 길이 막히고 있으니까 어렵지 않을 거라고 생각해요. "⑦ 안전벨트는 제대로 매. ⑧ 부딪치지 않도록 조심해." 장롱면허치고는 능숙해서 안심했어요.

겨우 ⑨ 교통정체를 빠져나와서 달리기 시작했어요. 무서워! ⑩ 액셀 너무 밟네. 처음으로 그의 ⑪ 거친 일면을 봐 버렸어요. 이때 ⑫ 경찰이 차를 세우고, ⑬ 속도위반으로 딱지를 떼었어요.

① ハンドルを 握ると いつも 眠く なります。② 居眠り運転は やばいと 思って、③ 助手席 の 友達に 運転を 変わって もらいました。彼は ④ ペーパードライバーだそうです。大丈 夫！ここは ⑤ 一本道だし、今は ⑥ 道が 混んでいるから、難しくないと 思います。

「⑦ シートベルトは ちゃんと しめてね。⑧ ぶつけないように 気を 付けてね。」

ペーパードライバーにしては 上手で 安心しました。

やっと ⑨ 渋滞を 抜け出して 走り出しました。怖い！⑩ アクセル 踏みすぎ。はじめて 彼 の ⑪ 乱暴な 一面を 見て しまいました。この時、⑫ 警察に 止められて、⑬ スピード違 反で 切符を 切られました。

😊 몰랐어요!

일본어로 '駐車(주차)' 방법은?

- 縦列駐車 일렬주차
- 車庫入れ T자 주차

🎤 **부분에 알맞은 단어를 넣어 말해 보세요.**

예 **にぎる** 잡다

→ ハンドルを <u>にぎると</u> 眠^{ねむ}く なります。 핸들을 잡으면 졸려져요.

❶ アクセルを ⬚⬚⬚ 怖^{こわ}く なります。 액셀을 밟으면 무서워져요.

❷ ブレーキを ⬚⬚⬚ 止^とまります。 브레이크를 밟으면 멈춰요.

❸ 走^{はし}り ⬚⬚⬚ 自動^{じ どう}で ロック します。

달리기 시작하면 자동으로 잠겨요.

❹ エンジンを ⬚⬚⬚ 変^{へん}な 音^{おと}が します。

시동을 걸면 이상한 소리가 나요.

예 **かわる** 바꾸다

→ 友達^{とも だち}に 運転^{うん てん}を <u>かわって</u> もらいました。

친구가 운전을 바꿔줬어요.

❺ 先輩^{せんぱい} ⬚⬚⬚ 道^{みち}を ⬚⬚⬚ もらいました。

선배 가 길을 가르쳐 줬어요.

❻ 父^{ちち} ⬚⬚⬚ 車^{くるま}を ⬚⬚⬚ もらいました。

아빠 가 차를 사 줬어요.

❼ 母^{はは} ⬚⬚⬚ 車^{くるま}で ⬚⬚⬚ もらいました。

엄마 가 차로 데려다 줬어요.

정답 　❶ふむと　❷かけると　❸だすと　❹かけると
　　　❺に / おしえて　❻に / かって　❼に / おくって

みちあんない

길 안내

교차로 交差点

❶ 신호 信号

❷ 파란불 青信号

❸ 빨간불 赤信号

❹ 주황불 黄信号

❺ 보행자 歩行者

다리 橋

막다른 곳 突き当り

오른쪽 방향 右方向

왼쪽 방향 左方向

신주쿠 방면 新宿 方面

한 블록 건너편
一本 向こう

오늘의 표현

곧 まもなく ｜ 음성안내에 따라서 音声案内に 従って ｜ 왼쪽으로 돌다 左に 曲がる

좌회전하다 左折する ｜ 오른쪽으로 돌다 右に 曲がる ｜ 우회전하다 右折する

곧장 가다 まっすぐ 行く ｜ 직진하다 直進する ｜ 계속해서 続いて

약 2킬로 앞 およそ 2キロメートル 先 ｜ 차선 변경하다 車線変更する

믿을 수 없다 あてに ならない ｜ 지름길로 가다 近道する

다리를 건너 橋を 渡る ｜ 목적지 주변 目的地 周辺 ｜ 도착하다 着く

부분에 알맞은 단어를 넣어 말해 보세요.

예 **いっぽん** 한 길, 한 블록

➡ いっぽん 向こうです。 한 블록 건너편이에요.

❶ ＿＿＿ 向こうです。 훨씬 저쪽이에요.

❷ ＿＿＿ 向こうの 村。 강 건너편의 마을.

❸ ＿＿＿ の 向こうの 店。 길 건너편의 가게.

❹ ＿＿＿ の 向こうの 学校。 저 산 건너편의 학교.

예 **カーナビ** 내비게이션

➡ カーナビに 従って 運転して ください。
내비게이션에 따라 운전해주세요.

❺ ＿＿＿ に 従って 操作して ください。

순서 에 따라 조작해주세요.

❻ ＿＿＿ に 従って 操作して ください。

매뉴얼 에 따라 조작해주세요.

❼ ＿＿＿ に 従って 停止して ください。 사인 에 따라 정지해주세요.

❽ ＿＿＿ に 従って 停止して ください。

(교통)신호 에 따라 정지해주세요.

 정답
❶ ずっと　❷ かわ　❸ みち　❹ あの やま
❺ じゅんばん　❻ マニュアル　❼ あいず　❽ しんごう

Day 88

ちかみち

지름길

"① 곧 왼쪽 방향입니다." ② 내비게이션의 음성안내에 따라, ③ 왼쪽으로 돌아요.
"④ 계속해서 오른쪽 방향입니다." 어? ⑤ 한 블록 건너편인가? 방금 전 ⑥ 교차로였던 거 아냐?
"⑦ 약 2킬로 앞 오른쪽 방향, ⑧ 신주쿠 방면입니다." ⑨ 차선 변경해야겠네.
내비게이션은 ⑩ 믿을 수가 없군. ⑪ 지름길로 가자. ⑫ 다리를 건너서, 바로 왼쪽으로 들어가자.
⑬ 막다른 곳에서 우회전이지.
"약 700미터 앞에서 ⑭ 목적지 부근입니다." 드디어 ⑮ 도착했다.

「① まもなく 左方向です。」② カーナビの 音声案内に 従って、③ 左に 曲がります。
「④ 続いて 右方向です。」えっ！ ⑤ 一本 向こう？ さっきの ⑥ 交差点だったんじゃない？
「⑦ およそ 2キロメートル 先 右方向、⑧ 新宿方面です。」⑨ 車線変更しなきゃ。
カーナビは ⑩ あてに ならないな。⑪ 近道しよう。⑫ 橋を 渡って、すぐ 左に 入ろう。
⑬ 突き当たりを 右折だね。
「およそ 700メートル 先 ⑭ 目的地 周辺です。」ついに ⑮ 着いた。

😊 몰랐어요!

일본어로 '道(길)' 표현은?

- 近道 지름길
- 裏道 뒷골목
- 坂道 언덕길
- 抜け道 샛길
- 夜道 밤길
- 通り道 지나가는 길
- 大通り 큰길
- 車道 차도
- 歩道 인도
- 歩道橋 육교
- 横断歩道 횡단보도

🎤 　　　　부분에 알맞은 단어를 넣어 말해 보세요.

(예) する 하다

→ 急いで 車線変更 <u>しなきゃ</u>。 서둘러서 차선 변경해야겠네.

❶ 右に 　　　　　　　　。 오른쪽으로 　돌아야겠네 　.

❷ 橋を 　　　　　　　　。 다리를 　건너야겠네 　.

❸ まっすぐ 　　　　　　　　。 곧장 　가야겠네 　.

❹ 黄信号だから 　　　　　　　　。 주황불이니까 　멈춰야겠네 　.

(예) つく 도착하다

→ やっと 目的地に <u>ついた</u>。 겨우 목적지에 도착했다.

❺ すぐ 左に 　　　　　　　　。 바로 왼쪽으로 　들어갔다 　.

❻ 迷わずに すぐ 　　　　　　　　。 고민 없이 바로 　지름길로 갔다 　.

❼ 交差点まで 　　　　　　　　。 교차로까지 　직진했다 　.

❽ 青信号に 　　　　　　　　。 파란불로 　바뀌었다 　.

 정답　❶ まがらなきゃ 　❷ わたらなきゃ 　❸ いかなきゃ 　❹ とまらなきゃ
　　　　❺ はいった 　❻ ちかみち した 　❼ ちょくしん した 　❽ かわった

Day 89

てんき

날씨

① 일기예보 天気予報

② 흐림 曇り

③ 맑음 晴れ

④ 비 雨

눈 雪

태풍10호 台風10号

장마가 시작됨 梅雨入り

장마가 끝남 梅雨明け

접는 우산 折り畳み傘

비닐우산 ビニール傘

우산 꽂이 傘立て

우산 대여 서비스 傘のシェアリングサービス

오늘의 표현

비가 오다 雨が 降る ｜ 비를 맞다 雨に 降られる ｜ 우산을 쓰다 傘を さす

우산을 접다 傘を 閉じる ｜ 우산이 젖다 傘が 濡れる ｜ 흠뻑 젖음 びしょびしょ

우산을 말리다 傘を 乾かす ｜ 우산을 펼치다 傘を 開く

우산을 가지고 가다 傘を 持って いく ｜ 두고 집에 가다 置いて 帰る

바로 옆에 생기다 すぐ そこに できる ｜ 예보가 맞다 予報が 当たる

당황하다 慌てる ｜ 비가 그치다 雨が 止む

부분에 알맞은 단어를 넣어 말해 보세요.

예 ときどき 때때로

➜ 曇^{くも}り <u>ときどき</u> 晴^はれ。 흐림 <u>때때로</u> 맑음.

❶ 曇^{くも}り ____ 雨^{あめ}。 흐림 한때 비.

❷ 晴^はれ ____ 曇^{くも}り。 맑음 후 흐림.

❸ 雨^{あめ} ____ 雪^{ゆき}。 비 곳에 따라 눈.

❹ 雨^{あめ} ____ 晴^はれか曇^{くも}り。 비 때때로 맑음이거나 흐림.

예 つゆあけ 장마가 끝남

➜ <u>つゆあけって</u> いつごろなんだろう。

장마가 끝나는 건 언제쯤일까?

❺ ____ いつごろなんだろう。

장마가 시작되는 건 언제쯤일까?

❻ ____ いつごろなんだろう。 태풍은 언제쯤일까?

❼ ____ いつごろなんだろう。 꽃가루는 언제쯤일까?

❽ ____ いつごろなんだろう。 첫눈은 언제쯤일까?

---

 ❶いちじ ❷のち ❸ところに よって ❹ときどき
❺つゆいりって ❻たいふうって ❼かふんって ❽はつゆきって

Day 90

よほうが
あたらない

예보가 안 맞아

① 일기예보는 흐림 때때로 맑음이지만, 왠지 비가 올 것 같은 하늘이에요. 어제 ② 젖은 우산을 말리기 위해, ③ 펼친 채로 회사에 ④ 두고 집에 가버렸어요. ⑤ 바로 옆에 우산 대여 서비스가 생기고 나서부터는, 정말로 편리해요. 전에는 갑자기 비가 내리기 시작하면, 쓸데없는 ⑥ 비닐우산을 사던가, 아니면 ⑦ 비를 맞아서 흠뻑 젖게 되던가의 2개의 선택지밖에 없었어요. 지금은 ⑧ 예보가 안 맞아도, ⑨ 당황하거나 하지 않아요. 올해 ⑩ 장마가 끝나는 건 언제쯤일까? 빨리 ⑪ 그쳤으면 해요.

① 天気予報は 曇り 時々 晴れだけど、なんだか 雨が 降りそうな 空ですね。昨日 ② 濡れた 傘を 乾かすために、③ 開いたまま 会社に ④ 置いて 帰っちゃったんです。 ⑤ すぐ そこに 傘の シェアリング サービスが できてからは、本当に 便利です。前は 急に 雨が 降りだしたら、余計な ⑥ ビニール傘を 買うか、それとも ⑦ 雨に 降られて びしょびしょに なるかの 二択しか なかったんです。今は ⑧ 予報が 当たらなくても、⑨ 慌てたりし ないんです。今年の ⑩ 梅雨明けって いつごろなんだろう。早く ⑪ 止んで ほしいです。

😀 몰랐어요!

일본어로 '天気予報(일기예보)'에서 자주 사용하는 표현은?

- 一時 한때 ➡ 6시간 미만(하루의 1/4) 연속적으로 일어날 확률

- 時々 때때로 ➡ 6시간~12시간(하루의 1/2) 내렸다 그쳤다 반복적으로 일어날 확률

- ところに よって 곳에 따라

- のち 후

부분에 알맞은 단어를 넣어 말해 보세요.

예 **おく** 두다, 놓다

→ 会社に 傘を おいて 帰ったんです。

회사에 우산을 두고 집에 갔어요.

① 傘を ＿＿＿＿ 帰ったんです。 우산을 가지고 집에 갔어요.

② 傘を ＿＿＿＿ 帰ったんです。 우산을 쓰고 집에 갔어요.

③ 傘を ＿＿＿＿ 帰ったんです。 우산을 접고 집에 갔어요.

④ 雨に ＿＿＿＿ 帰ったんです。 비를 맞고 집에 갔어요.

예 **やむ** 그치다

→ 雨が やんで ほしいです。 비가 그쳤으면 해요.

⑤ 早く 雨が ＿＿＿＿。 빨리 비가 왔으면 해요.

⑥ 涼しい 風が ＿＿＿＿。

시원한 바람이 불었으면 해요.

⑦ 今日だけは 予報が ＿＿＿＿。

오늘만큼은 예보가 맞았으면 해요.

⑧ 濡れた 傘を 早く ＿＿＿＿。

젖은 우산을 빨리 말렸으면 해요.

정답 ① もって ② さして ③ とじて ④ ふられて ⑤ ふって ほしいです
⑥ ふいて ほしいです ⑦ あたって ほしいです ⑧ かわかして ほしいです

안에 알맞은 표현을 넣어 보세요.

1 잊은 물건이 없는지 확인합시다.

　　　　　　　　が ないか 確認(かくにん)しましょう。

2 제대로 안전봉을 잡읍시다.

しっかりと 　　　　 に つかまりましょう。

3 차종은 저공해 자동차로 해요.

車(くるま)の タイプは 　　　　 に します。

4 주유하고 나서, 반납해요.

　　　　　　　、 返却(へんきゃく)します。

5 졸음운전은 위험해.

　　　　　 運転(うんてん)は やばい。

6 브레이크를 밟으면 멈춰요.

ブレーキを 　　　　　止(と)まります。

7 한 블록 건너편이에요.

　　　　　　向(む)こうです。

8 서둘러서 차선 변경해야겠네.

急(いそ)いで 　　　　　　　 しなきゃ。

9 장마가 끝나는 건 언제쯤일까?

　　　　　　　 いつごろなんだろう。

10 비가 그쳤으면 해요.

雨(あめ)が 　　　　　　　　 。

 정답 ❶ わすれもの ❷ てすり ❸ エコカー ❹ きゅうゆ してから ❺ いねむり
❻ かけると ❼ いっぽん ❽ しゃせん へんこう ❾ つゆあけって ❿ やんで ほしいです

와타나베 부인

渡辺夫人

일본은 은행의 금리가 매우 낮아요. 저축만으로는 재테크가 힘들어요.
그래서 일본의 가정주부들은 재테크를 위하여, 월급쟁이 남편과 아이를 배웅한 후, 여유시간에 저금리의 엔화를 대출받아, 뉴질랜드 등 고금리 국가의 금융상품에 투자하여 고수익의 투자 기회를 노렸어요.

이를 일본의 흔한 성 '와타나베'에서 따와, '와타나베 부인'이라고 해요.
일본의 개인 외환 투자자들을 통칭하는 용어로 사용하기도 해요.

이 때문에 2007년 뉴질랜드 달러는 미국 달러 대비 22년 만에 최고치인 79센트까지 올랐고, 이는 2000년대 이후 최젓값의 거의 두 배에 달했어요.
일본 엔화 대비 뉴질랜드 달러는 19년 만에 최고치인 96.55엔 선에서 거래되었어요. 이들의 거래 비중은 도쿄 외환시장의 30%를 차지하며, 세계 유동성을 공급하는 원동력 중 하나가 되었어요.

ぎんこう

은행

❶ 은행 銀行

❷ 창구 窓口

❸ 번호표 番号札

❹ 통장 通帳

❺ 인감도장 印鑑

❻ 신분증 身分証明書

저금 貯金

❼ 현금카드 キャッシュカード

정기예금 定期預金

정기적금 定期積立

계좌번호 口座番号

비밀번호 暗証番号

오늘의 표현

계좌를 개설하다 口座を 開く ┃ 번호표를 뽑다 番号札を 取る ┃ 이자가 낮다 利子が 低い

저금이 바닥나다 貯金が 底を つく ┃ 월급이 들어오다 給料が 振り込まれる

무시할 수 없다 バカに ならない ┃ 돈을 찾다 お金を おろす ┃ 돈을 인출하다 引き出す

돈을 넣다 お金を 預ける ┃ 입금하다 入金する ┃ 이체하다 振込む

송금하다 送金する ┃ 수수료가 들다 手数料が かかる ┃ (자동) 인출하다 引き落とす

예 **ふりこみ** 이체

→ あとは <u>ふりこみ</u>だけ。 이제 남은 건 이체뿐이네.

① あとは ⬚⬚⬚⬚⬚ だけ。 이제 남은 건 잔액조회 뿐이네.

② あとは ⬚⬚⬚⬚⬚ だけ。 이제 남은 건 통장정리 뿐이네.

③ あとは 円^{えん}に ⬚⬚⬚⬚ だけ。 이제 남은 건 엔으로 환전 뿐이네.

④ あとは 今月分^{こんげつぶん}、 生活費^{せいかつ ひ}の ⬚⬚⬚⬚ だけ。

이제 남은 건 이번 달 치, 생활비의 인출 뿐이네.

예 **りし** 이자

→ <u>りし</u>って いくらなんだろう。 이자는 얼마일까?

⑤ ⬚⬚⬚⬚ って いくらなんだろう。 수수료 는 얼마일까?

⑥ ⬚⬚⬚⬚ って 何桁^{なんけた}なんだろう。

계좌번호 는 몇 자릿수일까?

⑦ ⬚⬚⬚⬚ って 何番^{なんばん}なんだろう。

비밀번호 는 몇 번일까?

⑧ ⬚⬚⬚⬚ って 何時^{なん じ}までなんだろう。 은행 은 몇 시까지일까?

 정답
①ざんだか しょうかい　②つうちょう きにゅう　③りょうがえ　④ひきだし
⑤てすうりょう　⑥こうざ ばんごう　⑦あんしょう ばんごう　⑧ぎんこう

Day 92

ちょきん！
そこを ついた

저금! 바닥났어

새 ① 계좌를 개설하기 위해서, 은행에 왔다. ② 계좌와 통장은 도장과 신분증만 있으면, 간단히 금방 만들 수 있었다. 근데, ③ 번호표를 뽑고, ④ 창구에서 불릴 때까지, 30분 이상 기다렸다. 지금 ⑤ 정기 적금 이자는 얼마일까? 요즘 ⑥ 저금이 바닥났다. 이번 달 ⑦ 월급이 들어오면, 매달 3만 엔씩 ⑧ 저금해 볼까? 이제 남은 건 집세 ⑨ 이체뿐이네. 창구 ⑩ 수수료보다 ATM기 쪽이 싸다고 들었으니까, ATM기에서 하자. ⑪ 이체수수료도 무시 못하니까.

新しい ①口座を 開くために、銀行に 来た。②口座と 通帳は 印鑑と 身分証明書さえあれば、簡単に すぐ 作れた。でも、③番号札を 取って、④窓口から 呼ばれるまで、30分以上 待たされた。今の ⑤定期積立の 利子って いくらなんだろう。最近 ⑥貯金が 底を ついた。今月 ⑦給料が 振り込まれたら、毎月 3万円ずつ ⑧貯金して みようかな。あとは 家賃の ⑨振込だけ。窓口の ⑩手数料より ATMの 方が 安いと 聞いたんで、ATMで やろう。⑪振込手数料も バカに ならないから。

😊 몰랐어요!

일본어로 'ATM기'에서 자주 사용하는 표현은?

- お預入れ 입금 　・お引き出し 인출 　・残高照会 잔액조회 　・お振込み 이체
- 税金・各種料金の振込 세금, 각종요금 이체 　　　　　・通帳記入 통장정리
- 手数料 수수료 　・確認 확인 　　・訂正 정정 　　・取消 취소

🎤 　　　　 부분에 알맞은 단어를 넣어 말해 보세요.

예 **ふりこむ** 이체하다 ⋯ **ふりこまれる** 이체되다

→ **会社から 給料が ふりこまれた**。 회사에서 월급이 이체되었다.
　かいしゃ　　きゅうりょう

❶ **窓口から 番号が　　　　　　　** 。 창구에서 번호가 불렸다 .
　まどぐち　　ばんごう

❷ **銀行口座が　　　　　　　** 。 은행계좌가 개설되었다 .
　ぎんこうこうざ

❸ **口座から 料金が　　　　　　　** 。
　こうざ　　りょうきん

계좌에서 요금이 자동 인출되었다 .

예 **おかねを おろす** 돈을 찾다

→ **おかねを おろすために、 銀行に 来た**。
　　　　　　　　　　　　　　　ぎんこう　き
　돈을 찾기 위해, 은행에 왔다.

❹ **　　　　　　　　　　、 銀行に 来た**。
　　　　　　　　　　　　ぎんこう　き

송금하기 위해서 , 은행에 왔다.

❺ **暗証番号を　　　　　　　、 銀行に 来た**。
　あんしょうばんごう　　　　　　ぎんこう　き

비밀번호를 바꾸기 위해서 은행에 왔다.

❻ **キャッシュカードを　　　　　　　、 銀行に 来た**。
　　　　　　　　　　　　　　　　　　ぎんこう　き

현금카드를 만들기 위해서 은행에 왔다.

정답 ❶ よばれた ❷ ひらかれた ❸ ひきおとされた
❹ そうきん するために ❺ かえるために ❻ つくるために

Day 93

ふどうさんや

부동산

부동산 不動産屋（ふどうさんや）	이사 引っ越し（ひっこし）

물건 : 단독주택[2층 건물]	物件 : 一戸建て[2階建て]（ぶっけん いっこだて かいだて）
방 배치 : 3LDK	間取り : 3LDK（まど）
주차 2대 + 마당	駐車2台 + 庭（ちゅうしゃ だい にわ）
상시 입주가능	即入居可（そくにゅうきょか）

물건 : 임대아파트 [4층 / 15층 건물]	物件 : 賃貸マンション [4階 / 15階建て]（ぶっけん ちんたい かい かいだて）
방 배치 : 원룸	間取り : ワンルーム（まど）
욕실화장실 분리(별도) + 베란다 포함	風呂トイレ 別 + ベランダ 付き（ふろ べつ つ）
월세 10만 엔[관리비 3천 엔]	家賃10万円 [管理費3千円]（やちん まんえん かんりひ ぜんえん）
가장 가까운 역에서 도보 3분	最寄り駅から 徒歩 3分（もよ えき とほ ぶん）

* 3LDK (방 3개 + 거실 + 식당 + 부엌이 갖춰진 곳)
L – Living room / D – Dining room / K – Kitchen

오늘의 표현

붙여져 있다 貼って ある（は） | 나에게 말을 걸다 声を かけられる（こえ）

볕이 잘 들다 日当たりが いい（ひ あ） | 현금으로 구입하다 現金で 購入する（げんきん こうにゅう）

주택담보대출을 받다 住宅ローンを 組む（じゅうたく く） | 오랜 꿈 長年の 夢（ながねん ゆめ）

하루라도 빨리 찾다 一日も 早く 探す（いちにち はや さが） | 집주인 大家さん（おおや）

부분에 알맞은 단어를 넣어 말해 보세요.

예 ベランダ 베란다

➡ <u>ベランダ</u> 付きの 家。베란다 딸린 집.

① ＿＿＿ 付きの 家。 마당 딸린 집.

② ＿＿＿ 付きの 家。 주차장 딸린 집.

③ ＿＿＿ 付きの 家。 옥상 딸린 집.

④ ＿＿＿ 付きの 家。 수납 창고 딸린 집.

예 **3LDK** 방3개 / 거실 / 식당 / 부엌 갖춘 집

➡ <u>3LDK</u>の 物件だって。 3LDK의 물건이라네.

⑤ ＿＿＿ の 物件だって。

욕실 화장실 별도 의 물건이라네.

⑥ ＿＿＿ の 物件だって。 남향 의 물건이라네.

⑦ ＿＿＿ の 物件だって。

월세 10만 엔 의 물건이라네.

⑧ ＿＿＿ の 物件だって。 보증금 무료 의 물건이라네.

---

 ① にわ **②** ちゅうしゃじょう **③** おくじょう **④** ものおき
⑤ ふろ トイレ べつ **⑥** みなみむき **⑦** やちん じゅうまん えん **⑧** しききん むりょう

ひあたりの いい いえ

햇볕이 잘 드는 집

① 부동산에 붙여져 있는 멋진 ② 단독주택 사진을 보고 있었더니, ③ 나에게 말을 걸었다. ④ 햇볕도 잘 들고, ⑤ 방 배치도 좋은 3LDK의 물건이라네. ⑥ 현금으로도 구입할 수 있고, ⑦ 주택담보대출을 받는 것도 가능하다고 (말)했어. 물론 단독주택은 ⑧ 오랜 꿈이지만, 지금은 ⑨ 하루라도 빨리 이사할 수 있는 ⑩ 원룸 임대아파트를 찾고 있어. 이 물건, 좋을 것 같은데. ⑪ 15층 건물의 4층이고, ⑫ 가장 가까운 역에서 3분, ⑬ 욕실 화장실 따로, ⑭ 베란다 딸림. ⑮ 월세도 그렇게 안 비싸! 앗, 근데 바로 ⑯ 입주할 수 없네.

① 不動産屋に 貼って ある 素敵な ② 一戸建ての 写真を 見て いたら、③ 声を かけられた。④ 日当たりも よくて、⑤ 間取りも いい 3LDKの 物件だって。⑥ 現金でも 購入できるし、⑦ 住宅ローンを 組む ことも できるって 言われた。もちろん 一戸建ては ⑧ 長年の 夢だけど、今は ⑨ 一日も 早く 引っ越しできる ⑩ ワンルームの 賃貸マンションを 探して いるんだ。この 物件、いいかも。⑪ 15階建ての 4階だし、⑫ 最寄り駅から 3分、⑬ 風呂 トイレ別、⑭ ベランダ 付き。⑮ 家賃も それほど 高くない！ あっ、でも すぐ ⑯ 入居できない。

😀 몰랐어요!

일본의 '독특한 부동산 문화'?

- 敷金 보증금 ➡ 보통 월세의 2달 치 내외로, 나중에 수리 청소비용을 제하고 돌려받을 수 있음.
- 礼金 사례금 ➡ 보통 월세의 2달 치 내외로, 좋은 집일수록 사례금이 높으며, 돌려받을 수 없음.
- 保証人 보증인 ➡ 일본은 보증금은 낮은 대신, 일본인(일정 수입이 있는)의 보증인이 꼭 필요.
- 下見 집 보러 가기 ➡ 일본은 주로 공실(빈방)의 경우만 집을 보러 갈 수 있음.

부분에 알맞은 단어를 넣어 말해 보세요.

예 ローンを くむ 대출을 받다

➡ <u>ローンを くむ</u> ことも できるって 言_いわれた。
<u>대출을 받는</u> 것도 가능하다고 했어.

❶ 今_{いま} すぐ ことも できるって 言_いわれた。

지금 당장 입주하는 것도 가능하다고 했어.

❷ 現金_{げんきん}で ことも できるって 言_いわれた。

현금으로 구입하는 것도 가능하다고 했어.

❸ ペットを ことも できるって 言_いわれた。

애완동물을 기르는 것도 가능하다고 했어.

예 はる 붙이다

➡ 不動産屋_{ふどうさんや}に <u>はって</u> ある チラシ。
부동산에 붙여져 있는 전단지.

❹ リフォーム ある マンション。

리모델링(리폼) 해져 있는 아파트.

❺ 契約書_{けいやくしょ}に ある 条件_{じょうけん}。계약서에 쓰여 있는 조건.

❻ 不動産屋_{ふどうさんや}に ある カギ。부동산에 놓여 있는 열쇠.

 정답
❶ にゅうきょ する ❷ こうにゅう する ❸ かう
❹ して ❺ かいて ❻ おいて

やっきょく

약국

약사 薬剤師　　　　　　　　　처방전 접수 処方せん 受付

내복약 内服薬　　　1. 먹는 약 飲み薬　　예 감기약 風邪薬

외용약 外用薬　　　1. 바르는 약 塗り薬　　예 연고 軟膏

　　　　　　　　　2. 붙이는 약 貼り薬　　예 파스 湿布

　　　　　　　　　3. 좌약 座薬

　　　　　　　　　4. 안약 目薬

　　　　　　　　　5. 스프레이 スプレー　예 벌레 퇴치 스프레이 虫よけスプレー

<약봉투 薬袋>

내복약 内服薬

_____ 님　　_____ 様

하루 ____ 회　1日 _____ 回

식전·식후·식간에 1알(1포)복용한다. 食前·食後·食間に 1錠(1包) 服用する。

○○ 약국　　○○薬局

오늘의 표현

몸 상태가 나빠지다 体調を 崩す ｜ 고민한 끝에 悩んだ あげく ｜ 병원에 가다 病院に 行く

증상을 물어 오다 症状を 聞いて くる ｜ 열이 있다 熱が ある ｜ 콧물이 나다 鼻水が 出る

기침이 나다 咳が 出る ｜ 설사를 하다 下痢を する ｜ 냉각 시트 冷却シート

지사제 下痢止めの 薬 ｜ 투명필름을 벗기다 透明フィルムを はがす ｜ 딱 붙이다 ピタッと 貼る

부분에 알맞은 단어를 넣어 말해 보세요.

예 たいちょう 몸 상태

➡ <u>たいちょう</u>を 崩_{くず}した。몸 상태를 무너뜨렸다 = 나빠졌다.

① ＿＿＿＿を 崩_{くず}した。 밸런스 를 무너뜨렸다 = 무너졌다.

② ＿＿＿＿＿＿＿＿＿を 崩_{くず}した。

만 엔 지폐 를 무너뜨렸다 = 잔돈으로 바꿨다.

③ ＿＿＿＿を 崩_{くず}した。 글씨 를 무너뜨렸다 = 흘려 썼다.

④ ＿＿＿＿を 崩_{くず}した。 무릎 을 무너뜨렸다 = 꿇은 자세에서 편한 자세로 바꿨다.

예 せきどめの くすり 기침멈추는 약, 기침약

➡ <u>せきどめの くすり</u>を 買_かいます。기침 멈추는 약(기침약)을 사요.

⑤ ＿＿＿＿＿＿＿を 買_かいます。 설사 멈추는 약(지사제) 을 사요.

⑥ ＿＿＿＿＿＿＿を 買_かいます。 멀미 멈추는 약(멀미약) 을 사요.

⑦ ＿＿＿＿＿＿＿＿＿を 買_かいます。

통증 멈추는 약(진통제) 을 사요.

 정답
① バランス **②** いちまん えん さつ **③** じ **④** ひざ
⑤ げりどめの くすり **⑥** よいどめの くすり **⑦** いたみどめの くすり

しょくご いちじょう

식후 한 알

오늘은 ① 몸 상태가 나빠져서, 회사를 쉬어요. 한 시간이나 ② 고민한 끝에, ③ 병원에는 가지 않기로 했어요. 대신에 ④ 약국에 가요. ⑤ 약사분이 ⑥ 증상에 대해 이것저것 물어오네요. ⑦ 열이 있고, ⑧ 콧물과 기침도 굉장히 나오고 있어요. ⑨ 설사도 하고 있어요. ⑩ 감기약과 ⑪ 냉각시트, 그리고 ⑫ 지사제를 사요. 감기약은 ⑬ 하루에 3회, ⑭ 식후에 한 알씩 복용하면, 오케이예요. 그리고 냉각시트는 ⑮ 투명필름을 벗기고, ⑯ 이마에 딱 붙이면, 오케이예요.

今日は ① 体調を 崩して、会社を 休みます。1時間も ② 悩んだ あげく、③ 病院には 行かない ことに しました。代わりに ④ 薬局へ 行きます。⑤ 薬剤師さんが ⑥ 症状に ついて あれこれ 聞いて きます。⑦ 熱が あって、⑧ 鼻水も 咳も すごく 出て います。⑨ 下痢も して います。⑩ 風邪薬と ⑪ 冷却シート、それから ⑫ 下痢止めの 薬を 買います。風邪薬は ⑬ 1日 3回、⑭ 食後に 1 錠ずつ 服用すれば、オッケーです。それから 冷却シートは ⑮ 透明フィルムを はがして、⑯ おでこに ピタッと 貼れば、オッケーです。

😀 몰랐어요!

일본어로 '약국'은?

- 薬局 약 위주로 파는 약국 (반드시 약사가 상주하며, 처방전도 조제 가능해요.)
- 薬店 약도 파는 약국 (약뿐만 아니라 화장품 등 생활용품도 팔아요.)
- ドラッグストア 드럭스토어
- 薬屋 「薬局·薬店·ドラッグストア」의 총칭

🎤 　　　　　 부분에 알맞은 단어를 넣어 말해 보세요.

예 **なやむ** 고민하다

→ <u>なやんだ</u> あげく、行^いかない ことに した。

고민한 끝에, 가지 않기로 했다.

① 　　　　　 あげく、買^かわない ことに した。

생각한 끝에, 사지 않기로 했다.

② 寒^{さむ}い 日^ひに 苦労^{くろう}　　　 あげく、風邪^{かぜ}を ひいちゃった。

추운 날 고생 한 끝에, 감기에 걸려 버렸다.

③ 2時間^{じかん} 近^{ちか}く 　　　　 あげく、診察^{しんさつ}は たったの 5分^{ふん}だった。

2시간 가까이 기다린 끝에, 진찰은 딱 5분이었다.

예 **ふくよう する** 복용하다

→ 食後^{しょくご}に 1錠^{じょう} <u>ふくよう すれば</u>、オッケー!

식후에 한 알 복용하면, 오케이!

④ 透明^{とうめい}フィルムを 　　　　、オッケー!

투명필름을 벗기면 , 오케이!

⑤ おでこに ピタッと 　　　　、オッケー!

이마에 딱 붙이면 , 오케이!

⑥ 傷^{きず}に 軟膏^{なんこう}を 　　　　、オッケー! 상처에 연고를 바르면 , 오케이!

정답　❶ かんがえた　❷ した　❸ まった
　　　❹ はがせば　❺ はれば　❻ ぬれば

Day 97

びょういん

병원

① 병원 病院

② 접수 受付

의료보험증
健康保険証

③ 대기실 待合室

④ 환자 患者

⑤ 의사
医者 / 医師 / ドクター

⑥ 간호사 看護師

엑스레이 レントゲン

입원 수속 入院 手続き

퇴원 수속 退院 手続き

통원치료 通院治療

재활 치료 リハビリ

오늘의 표현

손목을 삐다 手首を 捻挫する ｜ 발목을 접질리다 足首を 捻る

손가락을 삐다 突き指する ｜ 부어서 아프다 腫れて 痛い ｜ 구부리다 曲げる

손가락을 움직이다 指を 動かす ｜ 골절되다 骨折する ｜ 뼈가 부러지다 骨が 折れる

뼈에 금이 가다 骨に ひびが 入る ｜ ~의 가능성이 있다 ~の 可能性が ある

~라는 말을 …에게 듣다 ~って …に 言われる ｜ 만일을 위해 念の ため

갑자기 허리를 삐끗하다 ぎっくり腰に なる ｜ 습관이 되다 くせに なる

부분에 알맞은 단어를 넣어 말해 보세요.

예 **おれる** 부러지다

→ <ruby>骨折<rt>こっせつ</rt></ruby>する = <ruby>骨<rt>ほね</rt></ruby>が おれる。 골절되다 = 뼈가 부러지다.

❶ <ruby>足首<rt>あしくび</rt></ruby>を <ruby>捻挫<rt>ねんざ</rt></ruby>する = <ruby>足首<rt>あしくび</rt></ruby>を 　　　　。

발목을 삐다 = 발목을 　접질리다　.

❷ ぎっくり<ruby>腰<rt>ごし</rt></ruby>に なる = <ruby>急性<rt>きゅうせい</rt></ruby> 　　　　。

갑자기 허리를 삐끗하다 = 급성 　요통　.

❸ <ruby>突<rt>つ</rt></ruby>き<ruby>指<rt>ゆび</rt></ruby>する = <ruby>指<rt>ゆび</rt></ruby>を 　　　　。

손가락을 삐다 = 손가락을 　부상 입다　.

예 **こっせつ** 골절

→ <u>こっせつ</u>の <ruby>可能性<rt>かのうせい</rt></ruby>も ある。 골절 가능성도 있다.

❹ 　　　　の <ruby>可能性<rt>かのうせい</rt></ruby>も ある。 입원 가능성도 있다.

❺ 　　　　の <ruby>可能性<rt>かのうせい</rt></ruby>も ある。 수술 가능성도 있다.

❻ 　　　　の <ruby>可能性<rt>かのうせい</rt></ruby>も ある。 재발 가능성도 있다.

❼ 　　　　の <ruby>可能性<rt>かのうせい</rt></ruby>も ある。 감염 가능성도 있다.

정답 ❶ ひねる 　❷ ようつう 　❸ ケガ する
❹ にゅういん 　❺ しゅじゅつ 　❻ さいはつ 　❼ かんせん

つきゆび した

손가락을 삐었어

① 손가락을 삔 곳이 ② 부어서 너무 아파요. ③ 구부리는 것도 ④ 손가락을 움직이는 것도 안 돼요.
⑤ 골절 가능성도 ⑥ 있다는 말을 부모님에게 들었어요.
⑦ 병원에 갔더니, ⑧ 만약을 위해 ⑨ 엑스레이를 찍어 두자는 말을 의사에게 들었어요.
⑩ 대기실 옆자리의 할머니는 ⑪ 갑자기 허리를 삐끗해서 병원에 왔어요. ⑫ 습관이 되지 않도록 ⑬ 재활
치료를 하도록 이라는 말을 의사에게 들었대요.

① 突き指した ところが ② 腫れて とても 痛いです。 ③ 曲げる ことも ④ 指を 動かす
ことも できません。 ⑤ 骨折の 可能性も ⑥ あるって 親に 言われました。
⑦ 病院に 行ったら、 ⑧ 念の ため ⑨ レントゲンを 撮って おこうって 医者に 言われ
ました。
⑩ 待合室の 隣の おばあさんは ⑪ ぎっくり腰で 病院に 来ました。 ⑫ くせに ならない
ように ⑬ リハビリを するようにって 医者に 言われたらしいです。

😀 몰랐어요!

병원에서 '가장 먼저 듣는 말'과 '가장 마지막에 듣는 말'은 일본어로?

• どう なさいましたか。 어떻게 오셨어요 (어디가 아파서 오셨어요)?

• お大事に。 몸조리 잘 하세요.

부분에 알맞은 단어를 넣어 말해 보세요.

예 まげる 구부리다

→ 指を まげる ことも できません。
손가락을 <u>구부리는</u> 것도 안 돼요.

1 体を ＿＿＿＿＿ ことも できません。 몸을 움직이는 것도 안 돼요.

2 手を ＿＿＿＿ ことも できません。손을 펴는 것도 안 돼요.

3 ゆっくり ＿＿＿＿＿ ことも できません。
천천히 일어서는 것도 안 돼요.

4 席に ＿＿＿＿ ことも できません。자리에 앉는 것도 안 돼요.

예 くせに なる 습관이 되다

→ くせに ならないように、 気を 付けて ください。
<u>습관이 되지 않도록</u>, 주의하세요.

5 ＿＿＿＿＿＿、 気を 付けて ください。
부러지지 않도록 , 주의하세요.

6 ＿＿＿＿＿＿、 気を 付けて ください。
붓지 않도록 , 주의하세요.

7 手で ＿＿＿＿＿＿、 気を 付けて ください。
손으로 만지지 않도록 , 주의하세요.

 정답 ❶ うごかす ❷ ひらく ❸ たちあがる ❹ すわる
❺ おれないように ❻ はれないように ❼ さわらないように

にんげんドック

종합검진

종합검진 人間<ruby>にんげん</ruby>ドック

❶ CT촬영 CTスキャン

❷ 내시경검사
内視鏡検査<ruby>ないしきょうけんさ</ruby>

엑스레이 レントゲン

소변검사 検尿<ruby>けんにょう</ruby>

대변검사 検便<ruby>けんべん</ruby>

❸ 혈압 血圧<ruby>けつあつ</ruby>

❹ 혈액검사 血液検査<ruby>けつえきけんさ</ruby>

초음파 超音波<ruby>ちょうおんぱ</ruby> / エコー

진찰실 診察室<ruby>しんさつしつ</ruby>

검사 결과 検査結果<ruby>けんさけっか</ruby>

의사의 설명
医者<ruby>いしゃ</ruby>の 説明<ruby>せつめい</ruby>

오늘의 표현

일 년에 한 번 年<ruby>ねん</ruby>に 一度<ruby>いちど</ruby> ｜ 금식하다 絶食<ruby>ぜっしょく</ruby>する ｜ 암이 발견되다 癌<ruby>がん</ruby>が 見<ruby>み</ruby>つかる

건강 健康<ruby>けんこう</ruby> ｜ 관리하지 않으면 (안돼) 管理<ruby>かんり</ruby>しないと

어른이 되어도 大人<ruby>おとな</ruby>に なっても ｜ 어드바이스를 받다 アドバイスを 受<ruby>う</ruby>ける

자주 들은 말 よく 耳<ruby>みみ</ruby>に した 言葉<ruby>ことば</ruby> ｜ 숨을 들이마시다 息<ruby>いき</ruby>を 吸<ruby>す</ruby>う

숨을 내쉬다 息<ruby>いき</ruby>を 吐<ruby>は</ruby>く ｜ 숨을 멈추다, 숨을 참다 息<ruby>いき</ruby>を 止<ruby>と</ruby>める

부분에 알맞은 단어를 넣어 말해 보세요.

예 **がん** 암

→ 人間ドックで **がん**が 見つかりました。

종합검진으로 암이 발견되었어요.

1 レントゲンで ＿＿＿＿ が 見つかりました。

엑스레이로 충치 가 발견되었어요.

2 エコーで ＿＿＿＿ が 見つかりました。

초음파로 종양 이 발견되었어요.

3 血液検査で ＿＿＿＿ が 見つかりました。

혈액검사로 당뇨병 이 발견되었어요.

예 **みみ** 귀

→ よく **みみ**に します。 자주 귀로 해요 = 들어요.

4 よく ＿＿＿ に します。 자주 눈 으로 해요 = 봐요.

5 よく ＿＿＿ に して いる 言葉です。

자주 입 으로 하는 말이에요 = 말해요.

6 お水 以外は ＿＿＿ に して いません。

물 이외에는 입 으로 하지 않고 있어요 = 안 먹어요.

---

 ❶ むしば   ❷ ポリープ   ❸ とうにょうびょう
❹ め   ❺ くち   ❻ くち

すって！
はいて！ とめて！

들이마시고! 내쉬고! 참고!

오늘은 ①일 년에 한 번 받는 종합검진의 날이에요. 그 때문에, 어젯밤 9시부터 ②금식했어요. 작년에, 우리 부장님은 종합검진에서 ③암이 발견되었다고 해요. 그것을 듣고, 갑자기 ④받고 싶어졌어요. ⑤건강은 제대로 관리해야죠. 하지만, ⑥혈액검사는 ⑦어른이 되어도 무섭고, ⑧소변검사는 좀 부끄러워요. ⑨검사 결과가 나와서, ⑩진찰실에 들어가, ⑪설명이랑 어드바이스를 받았어요. 참고로, 오늘 가장 ⑫자주 들은 말은 "⑬숨을 들이마시고! ⑭내쉬고! ⑮참고!"였어요.

今日は ①年に 一度の 人間ドックの 日です。その ため、昨日の 夜 9時から ②絶食しました。去年、うちの 部長は 人間ドックで ③癌が 見つかったらしいです。それを 聞いて、急に ④受けたく なりました。⑤健康は しっかりと 管理しないと。でも、⑥血液検査は ⑦大人に なっても 怖いし、⑧検尿は 少し 恥ずかしいです。⑨検査結果が 出たので、⑩診察室に 入って、⑪説明や アドバイスを 受けました。ちなみに、今日 一番 ⑫よく 耳に した 言葉は 「⑬息を 吸って！ ⑭吐いて！ ⑮止めて！」でした。

😊 몰랐어요!

일본어로 '건강검진'과 '종합검진'의 차이는?

- 健康診断　　건강검진 ➜ 국가 또는 기업에서 정기적으로 행해지는 간단한 검진
- 人間ドック　종합검진 ➜ 건강검진보다 더 넓은 범위에서 병의 예방이나 조기발견을 위해 행해지는 개인적인 검진

부분에 알맞은 단어를 넣어 말해 보세요.

(예) する 하다

→ しっかり 管理_{かん り}しないと。 제대로 <u>관리하지 않으면 안 돼</u> = 해야 해.

① 夜_{よる} 9時_じから 　　　　。

밤 9시부터　<u>금식하지 않으면 안 돼 = 금식해야 해</u>　.

② いい 大人_{おと な}に 　　　　。

좋은 어른이　<u>되지 않으면 안 돼 = 돼야 해</u>　.

③ 人間_{にんげん}ドックを 　　　　。

종합검진을　<u>받지 않으면 안 돼 = 받아야 해</u>　.

(예) すう 들이마시다

→ 大_{おお}きく 息_{いき}を <u>すって</u>。 크게 숨을 <u>들이마시고</u>.

④ ゆっくり 息_{いき}を 　　　　。 천천히 숨을　<u>내쉬고</u>　.

⑤ 10秒_{びょう} かけて 息_{いき}を 　　　　。 10초간 숨을　<u>내쉬고</u>　.

⑥ 少_{すこ}し 息_{いき}を 　　　　。 잠시 숨을　<u>참고</u>　.

⑦ ストローで ジュースを 　　　　。 빨대로 주스를　<u>빨아 마시고</u>　.

정답
① ぜっしょく しないと 　**②** ならないと 　**③** うけないと
④ はいて 　**⑤** はいて 　**⑥** とめて 　**⑦** すいこんで

안에 알맞은 표현을 넣어 보세요.

1 이제 남은 건 이체뿐이네.

あとは 　　　　　 だけ。

2 돈을 찾기 위해, 은행에 왔다.

　　　　　　　　　　、銀行(ぎんこう)に 来(き)た。

3 주차장 딸린 집.

駐車場(ちゅうしゃじょう) 　　　 家(いえ)。

4 지금 당장 입주하는 것도 가능하다고 했어.

今(いま)すぐ 　　　　　　　　 ことも できるって 言(い)われた。

5 몸 상태를 무너뜨렸다(나빠졌다).

体調(たいちょう)を 　　　　　　 。

6 식후에 한 알 복용하면, 오케이!

食後(しょくご)に 1錠(じょう) 　　　　　　　、 オッケー！

7 입원 가능성도 있다.

　　　　　　　 の 可能性(かのうせい)も ある。

8 손가락을 구부리는 것도 안 돼요.

指(ゆび)を 　　　　 ことも できません。

9 종합검진으로 암이 발견되었어요.

　　　　　　　 で 癌(がん)が 見(み)つかりました。

10 크게 숨을 들이마시고! 내쉬고!

大(おお)きく 息(いき)を 　　　　 ！ 　　　　 ！

 정답 1 ふりこみ 2 おかねを おろすために 3 つきの 4 にゅうきょ する 5 くずした
6 ふくよう すれば 7 にゅういん 8 まげる 9 にんげんドック 10 すって / はいて

女性	部屋は 見つかった？
男性	昨日 やっと ぴったりの 部屋が 見つかって。
女性	よかったね。それで 契約したの？
男性	いや、夕べ もう 一回 見て 決めようと 思って、行ったんだ。でも、それが…。
女性	どうしたの？ 部屋が 気に 入らなかった？
男性	いや、部屋の 方は 気に 入ったけど、途中の 道が 暗すぎて、交通事故に あったんだ。
女性	うそ！ 大丈夫？ ケガは ないの？
男性	今、入院中。病院に お見舞いに 来て くれるよね。

여자	방은 구했어?
남자	어제 겨우 딱 맞는 조건의 방이 나와서.
여자	잘됐네. 그래서 계약했어?
남자	아니, 어젯밤에 한 번 더 보고 정하려고 해서, 갔었어. 근데 그게......
여자	무슨 일이야? 방이 마음에 안 들었어?
남자	아니, 방 쪽은 마음에 들었는데, 도중에 오는 길이 너무 어두워서, 교통사고가 났어.
여자	말도 안 돼! 괜찮아? 다친 데는 없어?
남자	지금, 입원 중. 병원에 병문안 와 줄 거지?